Roswitha Paetel

# Papier · Pappe · Pulp

Roswitha Paetel

# Papier · Pappe · Pulp

## Kreatives Gestalten mit Kindern

Haupt Verlag

# INHALTSVERZEICHNIS

**Vorwort**
von Gundel Mattenklott .................. 6

**Gut zu wissen**
Für Eltern und Erzieher .................. 10

**1 Kannst du knicken?** .................. 14
Idee 1: Eine Schachtel für alle Fälle .................. 16
Idee 2: Pappboxen in neuem Outfit .................. 22
Idee 3: Freche Streichholzmädchen .................. 26

**2 Papprollenspaß** .................. 32
Idee 4: Tolle Klorollendinger .................. 34
Idee 5: Leuchtender Blütenzauber .................. 38
Idee 6: Lustiges Haifischmobile .................. 42

**3 Wie riecht denn das?** .................. 46
Idee 7: Duftende Papiere schöpfen .................. 48
Idee 8: Drucke mit Schnuppereffekt .................. 54
Idee 9: Wandschmuck für die Nase .................. 58

**4 Schnipp, schnapp!** .................. 64
Idee 10: Aufgeklebte Meisterwerke .................. 66
Idee 11: Schnell gemachte Papierläufer .................. 72
Idee 12: Zwitschernde Vogelcollage .................. 76

**5 Guten Flug!** .................. 80
Idee 13: Tanz der Tüten .................. 82
Idee 14: Mutige Fallschirmspringer .................. 86
Idee 15: Zarte Flieger .................. 90

## 6 Licht an! .................................................. 96
- Idee 16: Schattentheater ................. 98
- Idee 17: Papier mit Durchblick ............. 104
- Idee 18: Kino im Karton ................... 108

## 7 Fantastische Papierobjekte ............ 114
- Idee 19: Papiermaché-Leckereien .......... 116
- Idee 20: Tierische Stabmasken ............. 120
- Idee 21: Zerknitterter Klettermax .......... 124

## 8 Alles Pappe oder was? ................... 128
- Idee 22: Komische Pappformen ............ 130
- Idee 23: Karton macht Eindruck ............ 134
- Idee 24: Fröhliche Pappkameraden ......... 140

## 9 Herrliche Pulp-Pampe ................... 146
- Idee 25: Edle Schmuckstücke .............. 148
- Idee 26: Wer bin ich? ...................... 154
- Idee 27: Kinderleichte Tierplastiken ........ 160

## 10 In Form gedrückt ......................... 166
- Idee 28: Pulp-Kunst für alle ................ 168
- Idee 29: Eine Vase für dich ................ 174
- Idee 30: Die kleine Pulp-Fabrik ............. 178

## Pulp herstellen ............................. 182
- Feiner Pulp ................................ 184
- Mittelgrober und grober Pulp .............. 188
- Farbiger Pulp .............................. 192

## Was es sonst noch gibt .................... 196
- Kopiervorlagen ............................ 198
- Was ist das? .............................. 200
- Wer hat mitgemacht? ..................... 202
- Dankeschön ............................... 205

Unter diesem Link können Videos und Tonspuren zu den Projekten 3, 7, 12, 21 und zur Herstellung von Pulp aufgerufen werden.
https://www.haupt.ch/papier-pappe-pulp/

# VORWORT

**Roswitha Paetel** stellt in diesem Buch ihre künstlerische Arbeit mit Kindern zwischen sechs und zehn Jahren vor. Die Kinder kommen aus verschiedenen Ländern, jedes bringt etwas Eigenes mit, alle lernen selbstständig etwas zu erfinden und gemeinsam zu gestalten. Dafür ist das Material, mit dem Roswitha sie bekannt macht, besonders gut geeignet: **Pappmaché** wird aus gebrauchtem Papier hergestellt; es ist ein Abfallprodukt – aber was für eines! Mit bemaltem Pappmaché lassen sich viele andere Materialien nachahmen. Das mecklenburgische Schloss Ludwigslust wurde beispielsweise im 18. Jahrhundert mit Figuren und anderen Kunstwerken aus Pappmaché geschmückt.

Im 15. Jahrhundert, bald nach der Inbetriebnahme der ersten deutschen Papiermühle in Nürnberg (1390), wurde Pappmaché in Europa bekannt. Das gute, weiße Papier war teuer, es lohnte sich daher, aus dem gebrauchten Papier Neues zu schaffen – und es lohnt sich bis heute, wie die Arbeiten der Kinder in diesem Buch zeigen.

Werfen wir noch einen Blick auf die Bezeichnung *Pappmaché*, die im zweiten Teil französisch klingt und für die Roswitha die neuere englische Bezeichnung **Pulp** gewählt hat. *Pappare* ist ein lateinisches Wort und bedeutet *essen*; es bezieht sich vor allem auf die Mahlzeit der kleinen Kinder, die „papp, pappa" rufen, wenn sie Hunger haben. Sie haben noch keine oder wenige Zähne, deshalb bekommen sie etwas Weiches, Breiiges, Klebriges – *la pulpe*, lat. *pulpa,* bezeichnet eine solche Nahrung. Hier findet sich das englische *pulp* wieder, das ebenfalls für etwas Weiches, für Brei, Fruchtfleisch oder etwas Zerstampftes steht – also für Essen in einer Konsistenz, die für kleine Kinder wichtig ist. Später lernen die Kinder zu kauen – frz. *mâcher.* Von ihrer Mutter oder Amme werden sie zärtlich *gepäppelt.* Viele dieser alten Wörter aus der Kinderwelt passten zu den Arbeitsprozessen bei der Herstellung des Papiers und wurden deshalb übernommen. So entstand eine neue Wortgruppe: Papierbrei, Papierteig, das Schöpfen der Pappe, Pappenleim, Pappmaché … Auch in Norddeutschland finden sich verwandte Wörter, überwiegend aus dem 16. und 17. Jahrhundert, wie *pampig* (breiig, moddrig) und *Pampe* (breiige Masse). Diejenigen, die Pappe schöpften, übernahmen die alten Wörter, die zum Neuen passten.

„Was ist das für eine Pampe?", klingt abschätzig; tatsächlich war die Herstellung des Papiers aus alten, verdreckten Leinenlumpen und Tierhäuten, die zu Kleister verarbeitet wurden, eine Arbeit, die mit ekelerregenden Gerüchen verbunden war. Umso wunderbarer erschien dann das weiße, unbefleckte Papier. Pappmaché wurde in einem zweiten Prozess aus Altpapier hergestellt und verwandelte sich ebenfalls von der breiigen Masse zum schmückenden Gegenstand und zu Werken wie denen der Kinder im vorliegenden Buch. Der christlich geprägten Welt der europäischen Neuzeit wird das Papier zur Allegorie der mühsamen, sündigen Welt einerseits und

# VORWORT

des himmlischen Weiß von Gnade und Auferstehung andererseits. Dies hat Christoph Weigel in seinem Vers aus dem Jahr 1698 formuliert:

„Der alte Lumpe kommt durch Fleiß
zu neuen Nutzen schön und weiß;
Solst Du mein Hertz verächtlich bleiben?
Hervor aus altem Sünden-Stand
Ganß neu und rein, daß Gottes Hand
Auff dich mög seinen Willen schreiben."

*Gundel Mattenklott*

### Literatur

Müller, Lothar: Weiße Magie. Die Epoche des Papiers. München: Carl Hanser 2012.

Paetel, Roswitha: Pulp-Art. Bern: Haupt 2014.

Etymologisches Wörterbuch des Deutschen. Autorenkollektiv unter der Leitung Wolfgang Pfeifer: Berlin: Akademie-Verlag 1989.

Das große Oxford Wörterbuch für Schule und Beruf. Oxford: University Press / Cornelsen 2003.

Gut zu wissen

## GUT ZU WISSEN

### FÜR ELTERN UND ERZIEHER

**Basteln mit Papier, Pulp und Pappe** macht nicht nur Spaß und ist ökologisch, es sorgt sogar für entspannte Kinder.

Diese Beobachtung konnte ich über einen Zeitraum von drei Jahren in meinem Kunstkurs an einer kleinen Kinder-Kunstschule in Berlin-Neukölln machen. Wenn sie von ihren Eltern abgeholt wurden, waren überdrehte Kinder, die im Kurs mit Pulp-Pampe modelliert hatten, wieder ganz entspannt.

Alle Beispiele in dem vorliegenden Buch sind während dieses Zeitraums entstanden. Um die freudvolle Atmosphäre unter den Kindern zwischen 6 und 10 Jahren aus verschiedensten Herkunftsnationen einzufangen, wurden die Fotos von mir während des Kurses in der Kinder-Kunstschule aufgenommen. Nichts ist inszeniert oder nachgestellt. Einige der Kinder waren während des gesamten Zeitraums dabei. Daher finden sich neben verschiedenen Objekten, die von denselben Kindern hergestellt wurden, unterschiedliche Altersangaben.

Schlichte – überwiegend recycelte – Materialien in etwas Schönes zu verwandeln, durchzieht mein gesamtes künstlerisches Schaffen und bildet die Grundlage dieses Buches. 30 kreative Ideen zum Gestalten mit Papier, Pulp und Pappe regen zum Erfinden und Selbermachen an.

## GUT ZU WISSEN

Los geht es mit einfachen Falt-, Klebe- und Schneidetechniken. Unkomplizierte Steck- und Klebeverbindungen führen vom einfachen Papierbogen hin zum dreidimensionalen Gestalten. In den letzten zwei Kapiteln lernen die Kinder das Modellieren von Skulpturen und das Abformen mit Pulp. Im Vordergrund steht dabei das sinnliche Vergnügen mit dem Material. Schon das Herstellen verschiedener „Matschepampen" bereitet den Kindern viel Spaß.

**30 Ideen** geben Impulse, nicht alles wird bis ins Detail erklärt. Eigene Lösungen zu suchen, bündelt die Aufmerksamkeit der Kinder und führt fast automatisch dazu, dass sie völlig in ihre Arbeit versinken. Während des Unterrichts nutzten wir manchmal das Internet als Informationsquelle, im Buch liefern QR-Codes zusätzliches Informationsmaterial.

Alle „Kunstwerke" können ohne viel Aufwand alleine zu Hause hergestellt werden. Dazu braucht es nicht viel: einen ruhigen Ort, wenige Werkzeuge, Papier, Pappe oder Pulp. Am meisten Spaß macht das Basteln jedoch zusammen mit anderen: Freunden, Geschwistern, Eltern, Oma, Opa ... – ob im Kindergarten, einer Kinder-Kunstschule, im Hort oder zu Hause.

Viel Freude dabei!
Roswitha Paetel

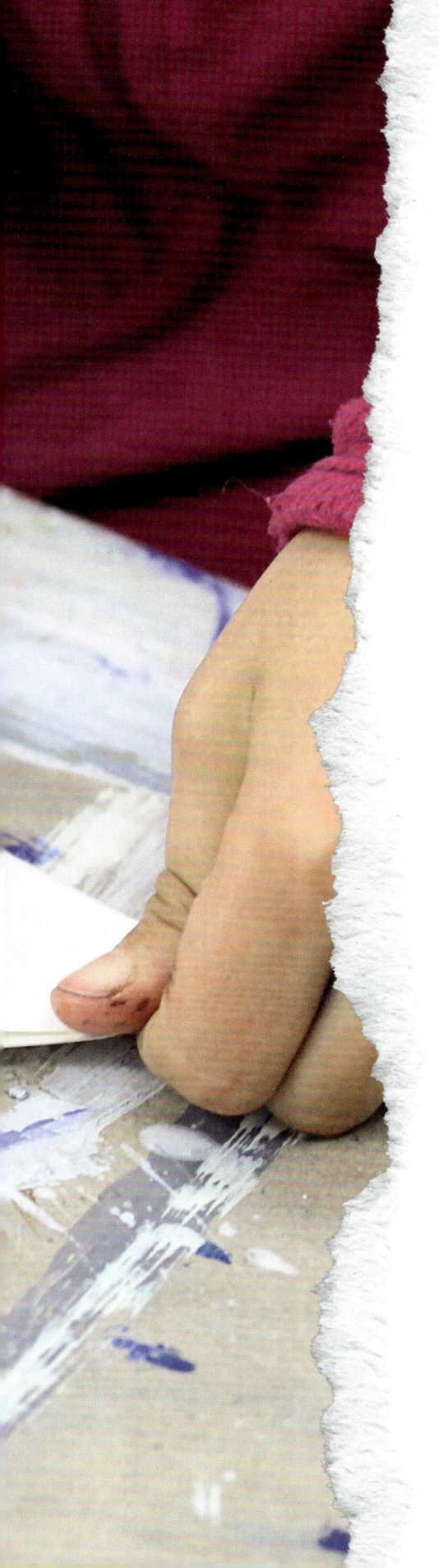

Aus einem flachen Blatt Papier zauberst du

im Nu herrliche Dinge zum Spielen und Verschenken.

Papier bemalen, ausschneiden, falten,

Klebelasche umknicken, ankleben, fertig!

Und das Beste ist:

Die Materialien dafür hast du immer parat.

# KANNST DU KNICKEN?

**Kapitel**

## Das Material

- 2 Blatt DIN-A4-Papier
  (DIN A4 ist die übliche Größe
  von Brief- und Kopierpapieren)
- Schere
- Klebestift
- Pflanzenblätter
- Gouache- oder Wasserfarben
- Pinsel

**Hannah, 6 Jahre**

KAPITEL 1 · KANNST DU KNICKEN?

# Eine Schachtel für alle Fälle

Du hast einen Geburtstag vergessen oder überraschend eine Einladung bekommen? Macht nichts! Diese Schachtel ist fix gefaltet und die Materialien dafür hast du bestimmt in der Schublade. Wenn du das Papier vorher bemalst oder bedruckst, sieht die Schachtel besonders schön aus.

## DAS MACHST DU

 Falte die Ecke eines Papierbogens **diagonal** auf die gegenüberliegende Kante. Überstehenden Streifen abschneiden. Aufgefaltet hast du ein **Quadrat**.

 Das **Quadrat** faltest du noch einmal **diagonal** in die andere Richtung und klappst es auf.

 Falte als Nächstes alle vier Seitenkanten jeweils bis zum Mittelpunkt und klappe sie auf.

 So sieht die aufgeklappte Faltung aus.

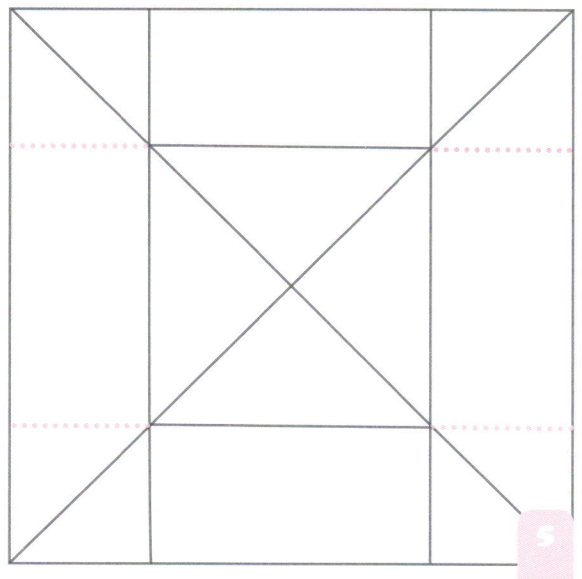

> ### ACH SO IST DAS
> Wenn du zwei sich gegenüberliegende Ecken eines Vierecks mit einer Linie verbindest, erhältst du eine **Diagonale.** In jedem Viereck gibt es zwei Diagonalen.

 Hier siehst du eine Zeichnung deiner Faltung.

 Schneide die Faltung an den sich gegenüberliegenden gepunkteten Linien ein.

 Die vier Seitenwände nach oben und die Laschen nach innen falten. Mit dem Klebestift festkleben.

 Fertig ist der Schachtelboden! Jetzt brauchst du noch den Deckel.

 Streiche dafür Pflanzenblätter mit Farbe ein und klatsche sie auf dem zweiten Papier ab.

 Gut trocknen lassen, bevor du daraus den Deckel bastelst.

**11** Falten, einschneiden und kleben – genauso wie beim Boden.

**12** Die zwei Hälften ineinanderstecken. Für den Boden kannst du auch farbiges Tonpapier verwenden. So sieht die Schachtel besonders schön aus.

EINE SCHACHTEL FÜR ALLE FÄLLE

## Das Material

- 2 ausgewaschene Getränkekartons
- Cutter oder Schere
- Lineal
- Kreppklebeband
- doppelseitiges Klebeband
- weiße Wandfarbe
- Gouachefarben
- Pinsel
- Aquarellpapier
- verschiedene Stifte zum Bemalen
- Klebestift
- Streichholzschachteln

Sabajachi, 9 Jahre

**KAPITEL 1 · KANNST DU KNICKEN?**

# Pappboxen in neuem Outfit

Getränkekartons sind zum Wegwerfen viel zu schade.

Bastle daraus lustige Dinge wie

Vogelhäuschen, Blumenvasen oder einen Marktstand.

Damit lässt es sich wunderbar spielen.

Vergiss aber vorher das Auswaschen nicht, sonst stinkt's!

## DAS MACHST DU

**1** Schraubverschlüsse entfernen. Laschen andrücken und mit Kreppklebeband festkleben. Mit dem Cutter eine Box an drei Seiten mit 1 cm Abstand zu den Kanten einschneiden. Den Ausschnitt aufklappen.

**2** Klebe beide Boxen mit doppelseitigem Klebeband aneinander. Weiß anmalen und trocknen lassen.

**3** Was möchtest du in deinem Marktstand verkaufen? Male ihn dazu passend an.

**4** Richte ihn schön ein. Aus Streichholzschachteln bastelst du coole Hocker und Obstkisten.

## DAS SCHAFFST DU SCHON

Unter der Aufsicht eines Erwachsenen schneiden größere Kinder vorsichtig mit dem Cutter. Kleinere nehmen die Schere oder lassen sich helfen.

**GESCHAFFT!**

 Male auch die Möbel zu deinem Marktstand passend an.

 Du kannst auch alles, was du brauchst, auf Aquarellpapier zeichnen, ausschneiden und in den Stand kleben: zum Beispiel Verkäufer, Blumen, Obst …

 Bringe zum Schluss noch eine tolle Außenreklame an und los geht der Verkauf!

## Das Material

- Streichholzschachteln mit Streichhölzern
- Zeichenpapier
- Bleistift
- Lineal
- Schere
- Buntstifte
- Styroporstückchen
- Cutter
- Klebestift

**Johanna, 7 Jahre**

**KAPITEL 1 · KANNST DU KNICKEN?**

# Freche Streichholzmädchen

Mit leeren Streichholzschachteln,
Papier und Stiften kannst du Menschen, Tieren
und sogar Pflanzen „Beine machen".
Denk dir Motive aus, die besonders ulkig aussehen,
wenn ihnen beim Auseinanderziehen der Schachtel
lange Beine wachsen.

## DAS MACHST DU

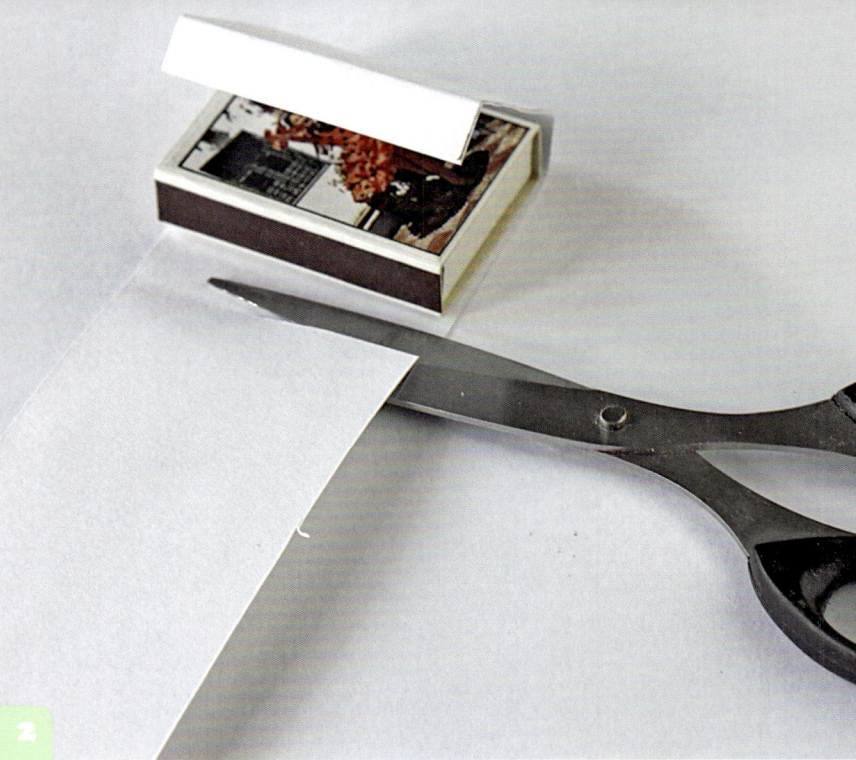

 Lege die Streichholzschachtel an einer Ecke des Zeichenpapiers an. Ziehe an der Unterkante eine Linie. Verlängere die Linie mit dem Lineal. Schneide den Papierstreifen mit der Schere ab.

 Falte den Papierstreifen einmal um die Streichholzschachtel. Gib 1 cm für die Klebelasche zu. Den Rest abschneiden.

 Streiche Kleber auf die Vorderseite der Schachtel und auf die Klebelasche des Papierstreifens.

 Falte den Papierstreifen um die Schachtel und klebe ihn zu.

## DAS SCHAFFST DU SCHON

Beim Zuschneiden des Styroporstreifens brauchst du die Hilfe eines Erwachsenen. Das kleine Stückchen, das in die Streichholzschachtel geklebt wird, kannst du unter seiner Aufsicht alleine abschneiden.

 Bitte einen Erwachsenen, mit dem Cutter einen Streifen Styropor in der Breite der Streichholzschachtel zuzuschneiden. Schneide unter seiner Aufsicht mit dem Cutter ein kleines Stück davon ab.

 Probiere aus, ob das Styroporstückchen in die Innenschachtel passt. Stecke zwei Streichhölzer für die Beinchen hinein und klebe es fest.

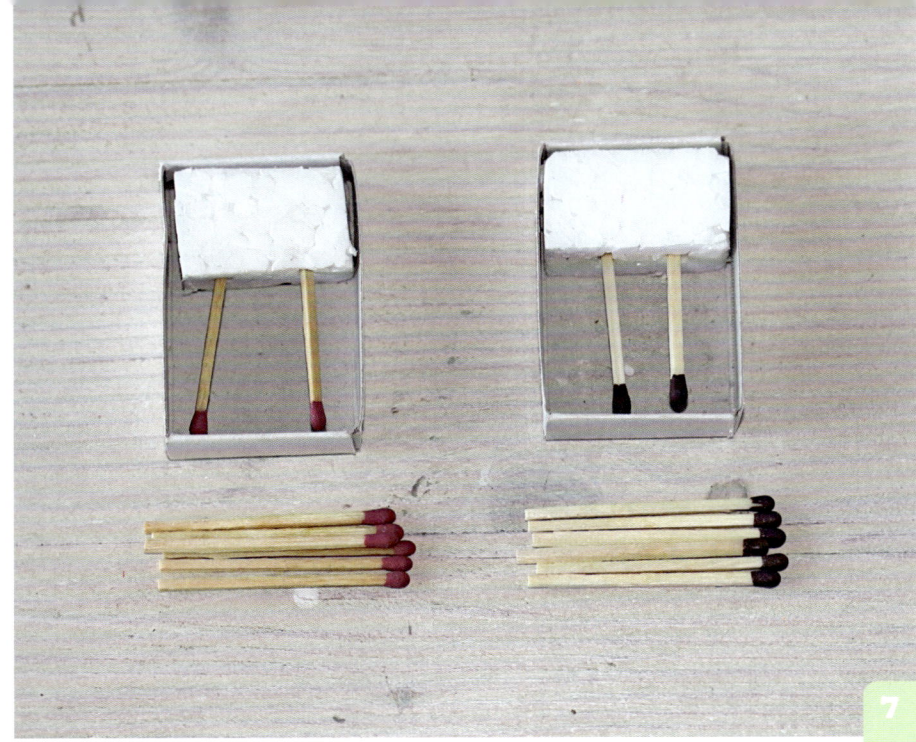

 Verschieden gefärbte Streichholzköpfe ergeben unterschiedliche Schuhfarben.

 Auf das Reststück des abgeschnittenen Papierstreifens zeichnest du eine lustige Figur ohne Beine.

 Schneide die Figur sorgfältig mit der Schere aus.

 Klebe sie auf die Vorderseite der Schachtel.

**GESCHAFFT!**

 Schiebe die Innenschachtel mit den Beinchen hinein und lass die Figuren tanzen. Schau dir dazu das lustige Video an.

Aus Papprollen lassen sich fantastische Dinge basteln. Sammle die Rollen, damit du immer welche parat hast, wenn du Lust bekommst, zu basteln. Überleg nicht lange. Fang einfach an, die Ideen kommen beim Machen. Bist du bereit?

# PAPPROLLEN-SPASS

**Kapitel 2**

## Das Material

- Klopapierrollen
- Schere
- Klammerhefter
- Büroklammern
- Weißleim
- Kreppklebeband
- Gouachefarben
- Pinsel
- dickes Zeichenpapier
- Stifte
- Stoff, Schnüre, Bänder und was du sonst noch so findest

**Athanasios, 6 Jahre**

**KAPITEL 2 · PAPPROLLENSPASS**

# Tolle Klorollendinger

Was bastelst du aus einem Haufen Klopapierrollen?

Die Kinder in meinem Kunstkurs hatten die verrücktesten Ideen.

Wenn du etwas Neues ausprobierst,

mach es nicht zu kompliziert! Die einfachen Lösungen

sind meist die besten. Zeig, was du drauf hast!

## DAS MACHST DU

 Nimm einige Papprollen in die Hand und spiele mit ihnen. Zerschneide sie, stecke sie zusammen, drücke sie platt, male sie an. Kümmere dich nicht darum, was andere machen. Mach, was *du* willst.

 Athanasios hat einen genialen Computer gebastelt.

 Er schreibt eine verwirrende Geheimsprache, die du nur bei ihm lernen kannst.

 Bronwens Teddy bekommt ein Regal für seine Anziehsachen.

### ACH SO IST DAS

**Kreativ** sein macht schlau. Wenn du mit Materialien spielst, wird über das Ertasten und Fühlen der verschiedenen Oberflächen dein Gehirn angeregt und deine Fantasie wird in Gang gesetzt.

**5** Iris träumt sich in ihr Geburtsland Neuseeland zurück.

**6** Dana bastelt eine bunte Flugzeugflotte. Was bastelst du?

## Das Material

- Klopapierrollen
- Gouache-Leuchtfarbe
- Pinsel
- Schere
- Klebestift
- kleine Styroporkugel
- Band zum Aufhängen
- Gouachefarben
- 2 Blatt DIN-A4-Papier
- Seidenpapier zum Einwickeln

**Bronwen, 9 Jahre**

**KAPITEL 2 · PAPPROLLENSPASS**

IDEE 5

# Leuchtender Blütenzauber

Magst du Ideen mit wenig Aufwand und großer Wirkung?
Prima! Verwandle graue Papprollen
in farbig strahlende Blüten. Lege eine Blüte in eine selbst
gebastelte Schachtel (siehe Seite 16)
und schon hast du ein wunderschönes Geschenk.

## DAS MACHST DU

| 1 | 2 |
| - | - |
| 3 | 4 |

**1** Male eine Papprolle innen mit Leuchtfarbe an. Lass sie trocknen, drücke sie flach und schneide sie mit der Schere in ca. 1 cm schmale Streifen.

**2** Klebe sechs Streifen mit dem Klebestift zu einer Blüte zusammen. In die Mitte klebst du die Styroporkugel.

**3** Knote ein farblich passendes Bändchen zum Aufhängen an.

**4** Bedrucke zwei Bogen Schreibpapier. Als Stempel nimmst du flach gedrückte Papprollen. Trocknen lassen.

**GESCHAFFT!**

 Falte aus den Papieren die Schachtel von Seite 16, wickle die Blüte in Seidenpapier und lege sie hinein.

 Fertig ist ein tolles Geschenk. Wenig Aufwand und große Wirkung!

## Das Material

- Klopapierrollen für kleine Haie
- Küchenpapierrolle für großen Hai
- Schere
- Klammerhefter
- Pappe
- Kreppklebeband
- Gouachefarben
- Pinsel
- Vorstecher
- Schnur
- verschieden lange Zweige

**Hannah, 7 Jahre**

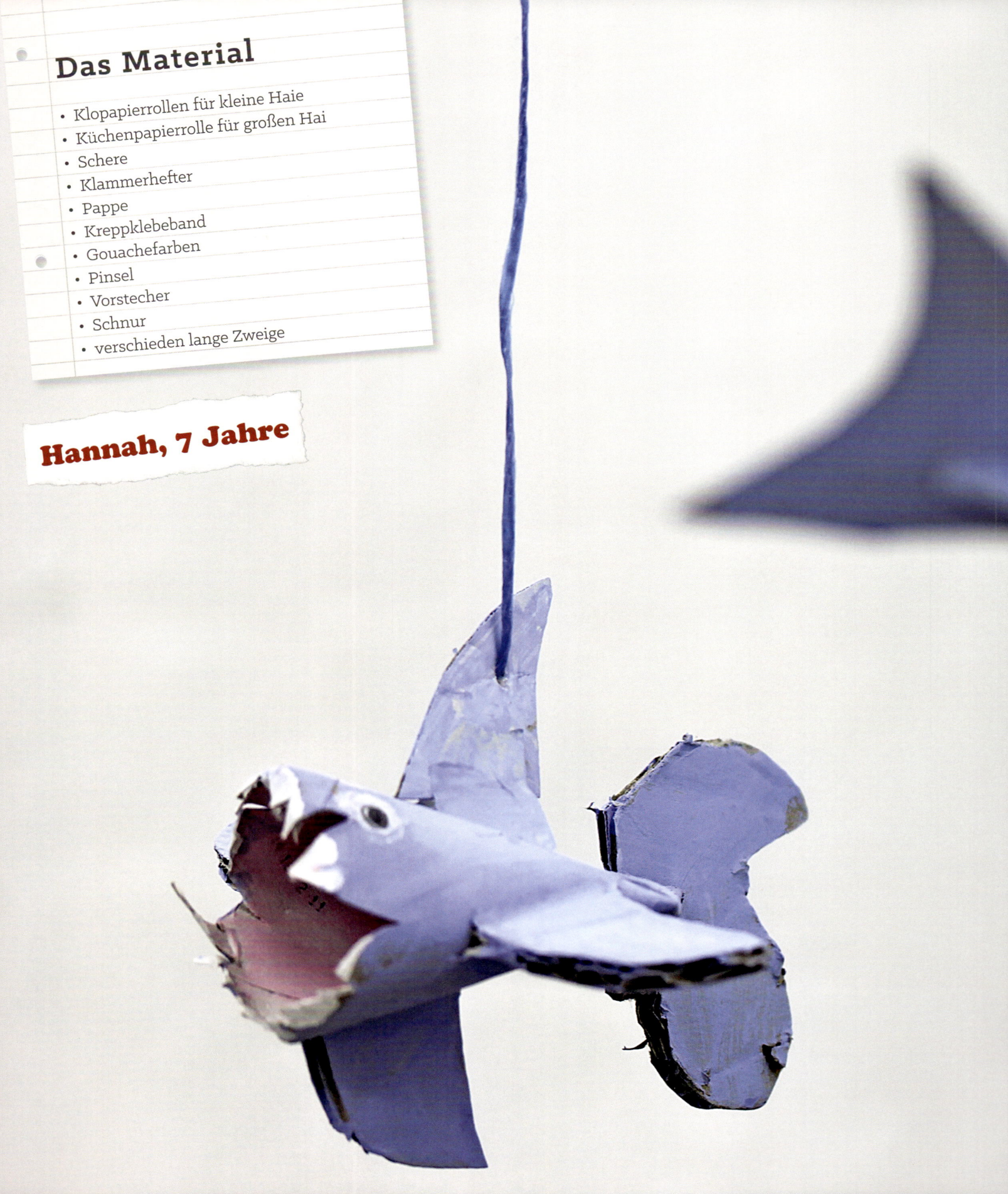

**KAPITEL 2 · PAPPROLLENSPASS**

# Lustiges Haifischmobile

Es gibt Rückenflossen, Bauchflossen und Schwanzflossen.

Wie viele Flossen hat ein Hai? Drei, vier, fünf?

Das Mobile aus dem Kinderkurs zeigt verschiedene Exemplare.

Jetzt bist du dran!

## DAS MACHST DU

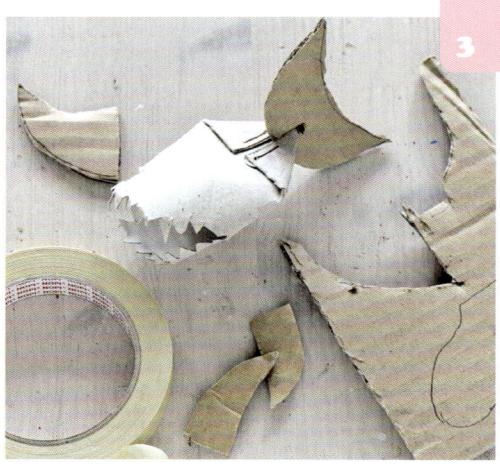

 Alle Haie bastelst du so: Papprolle flach drücken. An einem Ende die Ecken für das Maul abschneiden. Zacken für die Zähne einschneiden.

 Das andere Ende mit dem Klammerhefter zusammenheften. Ecken umfalten und ebenfalls zusammenheften.

 Zähne nach innen biegen. Schwanz-, Seiten-, Rücken- und Bauchflossen aus Pappe ausschneiden. Schwanzflosse einschneiden und an den Körper stecken.

 Befestige alle Flossen mit Kreppklebebandstückchen. Bastle mindestens zwei Babyhaie und einen Mamahai.

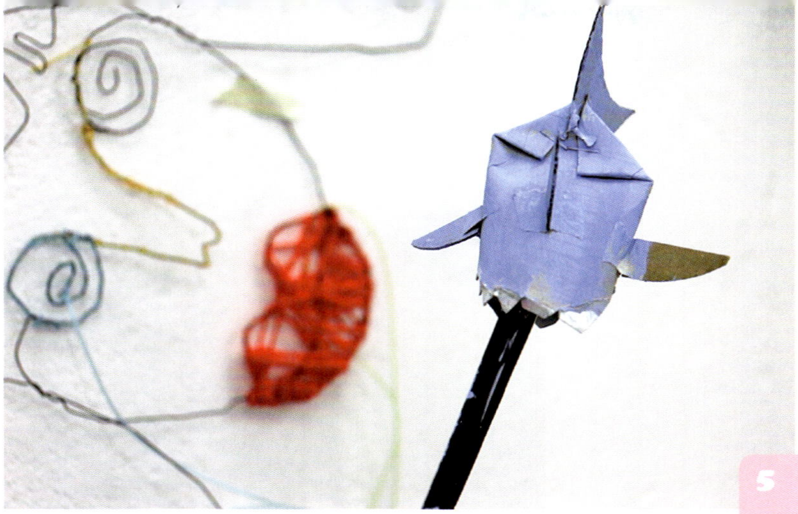

 Bemale die Haifische und stecke sie auf Pinsel. Trocknen lassen.

 Nimm die Haifische in die Hand und probiere aus, wo der **Schwerpunkt** jedes Fisches liegt. Dort bohrst du mit dem Vorstecher ein Loch und bringst ein Stück Schnur an.

 Kleine Haifische an einen kürzeren Zweig binden. In der Mitte ein Stück Schnur anknoten, dessen Ende du an einen längeren Zweig bindest. Mamahai an das andere Ende binden. Ein weiteres Stück Schnur zum Aufhängen in der Mitte anbringen. Ausbalancieren, aufhängen und bewundern!

**GESCHAFFT!**

Lass die Natur herein und hol dir schöne Gerüche in dein Zimmer. Wenn du genervt bist, mach eine Pause und schnuppere an deinem duftenden Zimmerschmuck. Merkst du, wie schnell der Duft deine Stimmung verbessert?

# WIE RIECHT DENN DAS?

**Kapitel 3**

## Das Material

- Schöpfrahmen
- Lavendelblüten
- Altpapier aus Obstkistenverpackungen oder Eierkartons
- lila Fotokarton
- Mixer oder Pürierstab und hohes Gefäß
- Schöpfwanne
- Suppenkelle
- Wischtücher
- Schwamm
- Handtuch
- Bretter zum Auspressen
- Wäscheleine
- eventuell Bügeleisen

**Bronwen, 9 Jahre**

KAPITEL 3 · WIE RIECHT DENN DAS?

# Duftende Papiere schöpfen

Aus Altpapier und Lavendelblüten

schöpfst du neue Papiere, die gut riechen und schön aussehen.

Beim Papierschöpfen lassen sich

die unterschiedlichsten flachen Materialien einarbeiten.

Bastle aus dem duftenden Papier schöne Dinge wie Lesezeichen.

Fällt dir was Tolles ein?

## DAS MACHST DU

### DAS SCHAFFST DU SCHON

Ein Schöpfrahmen besteht aus einem mit feinem Gewebe bespannten Siebrahmen und einem aufliegenden Begrenzungsrahmen. Er gibt den Papierbogen die rechteckige Form. Aus zwei gleich großen Bilderrahmen und Plastikgewebe aus dem Baumarkt machst du deinen Schöpfrahmen selber: Rückwände und Scheiben aus den Rahmen nehmen. Plastikgewebe an die Innenseite eines Rahmens tackern und beide Rahmen übereinanderlegen. Ein Pfannensieb geht aber auch.

**1** Du brauchst einen Schöpfrahmen. Du kannst ihn kaufen, mit einem Pfannensieb experimentieren …

**2** … oder den Schöpfrahmen aus zwei Bilderrahmen und feiner Gaze selber machen. Schau dir das Video an.

**3** Lege gepresste Blüten oder andere flache Materialien bereit. Wir haben mit Lavendelblüten gearbeitet.

 Zum Zerkleinern brauchst du entweder einen Mixer oder einen Pürierstab und ein hohes Gefäß.

 Reiße die Verpackungskartons und den Fotokarton in kleine Schnipsel. Das Papier wird umso dunkler, je mehr von dem lila Fotokarton drin ist.

 Mische die Schnipsel im Verhältnis 1 : 3 mit Wasser und mixe sie gut durch. Gib den Brei – man nennt ihn auch Pulpe – in die Schöpfwanne. Gut umrühren.

**7** Schöpfrahmen **senkrecht** halten, langsam in die Pulpe eintauchen. Am Boden des Gefäßes in die **Waagerechte** drehen, rütteln und langsam herausheben. Wasser ablaufen lassen. Lavendelblüten hineindrücken.

**8** Mit der Suppenkelle gießt du noch etwas Pulpe über die Blüten, um sie im Papier einzubetten.

**9** Hebe den oberen Begrenzungsrahmen ab. Kippe den Siebrahmen mit dem geschöpften Papier kopfüber auf ein Wischtuch.

**10** Mit dem Schwamm presst du überschüssiges Wasser aus. Siebrahmen vorsichtig ankippen und abheben.

 Schöpfe mehrere Papierbogen hintereinander. Staple die Bogen auf den Wischtüchern liegend übereinander. Wird die Pulpe zu dünn, mixe neue.

**12** Lege den Stapel auf ein Frottierhandtuch zwischen zwei Bretter. Stell dich darauf und trample kräftig, um das Wasser herauszupressen.

 Die Papierbogen hängst du an dem Wischtuch für einen Tag zum Trocknen auf.

**14** Die trockenen Bogen lassen sich leicht vom Wischtuch abziehen. Falls nötig, glätte sie mit dem Bügeleisen. Der Lavendelduft hält sich einige Wochen.

GESCHAFFT!

## Das Material

- Laserfotokopien in Schwarz-Weiß
- Schere
- Kreppklebeband
- Zeichenkarton
- Orangenölreiniger (Bioladen)
- Baumwolllappen oder Pinsel
- Löffel
- eventuell Latexhandschuhe für Kinder

**Bronwen und Ranin, 9 Jahre**

KAPITEL 3 · WIE RIECHT DENN DAS?

IDEE 8

# Drucke mit Schnuppereffekt

Mit dieser Technik stellst du spannende Kunstwerke her,

die aussehen wie gedruckt.

Mithilfe von natürlichen Ölen überträgst du ganz einfach Bilder

von Fotokopien auf Papier.

Zugegeben: Es riecht zuerst ganz schön streng,

der Geruch verfliegt aber schnell.

## DAS MACHST DU

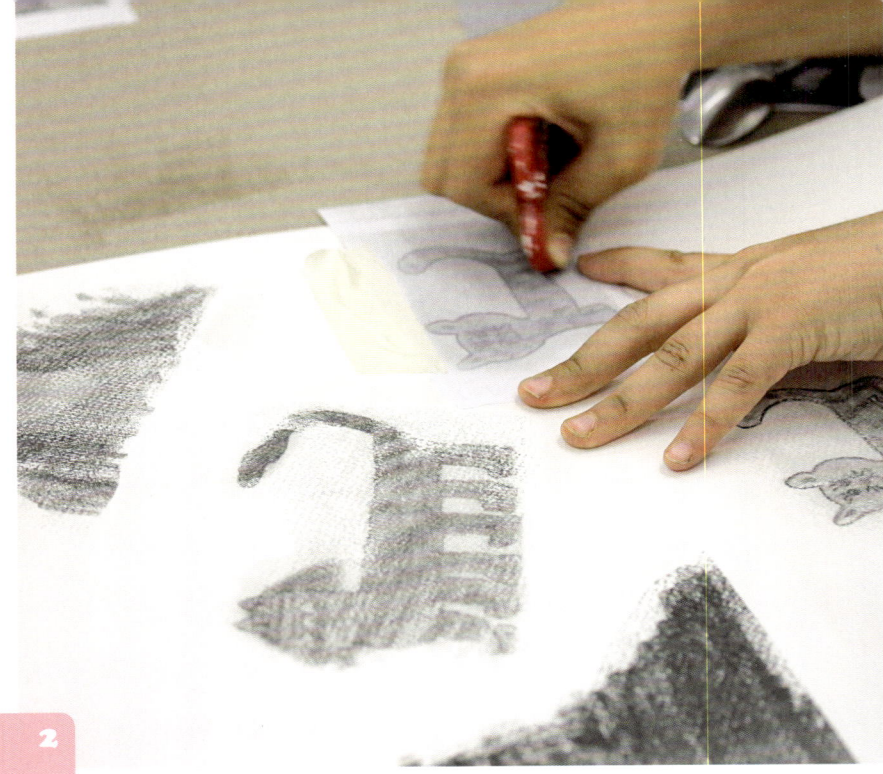

1 2
3 4

 Schneide aus deinen Fotokopien ein schönes **Motiv** großzügig aus. Es müssen Laserfotokopien sein. Mit den Ausdrucken eines Tintenstrahldruckers klappt es nicht.

 Reiß einen Streifen Kreppklebeband ab und befestige die Kopie mit der Vorderseite nach unten auf dem Zeichenkarton.

 Gib etwas Orangenölreiniger auf einen Lappen und reibe die Kopie ein. Nimm nur so viel Öl, bis alles durchsichtig erscheint. Mach keine Pfützen!

 Reibe mit dem Löffelrücken oder dem Pinselstiel kräftig auf dem Papier hin und her. Dadurch löst sich die Druckfarbe ab und wird auf den Karton übertragen.

### ACH SO IST DAS

Konzentriertes Öl wirkt reizend. Niemals schlucken und Hautkontakt vermeiden! Arbeite nur unter der Aufsicht eines Erwachsenen. Du kannst auch Lavendelöl nehmen. Wir haben aber mit Orangenölreiniger bessere Erfahrungen gemacht. Außerdem ist er billiger.

### GESCHAFFT!

**5** Schau vorsichtig unter der Kopie nach, ob sich die Farbe abgelöst hat. Manchmal musst du etwas Öl nachtragen und noch einmal reiben.

**6** Nimm weitere Ausschnitte dazu, bis du ein schönes Bild beisammenhast. Die Ölflecke auf dem Papier verdunsten mit der Zeit.

## Das Material

- große Pflanzenblätter oder Vorlage von Seite 198/199
- Bleistift
- Zeichenpapier
- dünner Draht
- Kombizange
- Kreppklebeband
- schwarzes Papiertape
- Tapetenkleister
- breiter und feiner Pinsel
- Transparentpapier
- getrocknete Blüten oder Kräuter (wie Lavendel, Rose, Rosmarin)
- Schere
- Aquarellfarbe
- farbige Schnur
- eventuell Duftöl

*Iris, 8 Jahre*

# KAPITEL 3 · WIE RIECHT DENN DAS?

# Wandschmuck für die Nase

Dieser Wandschmuck verschönert dein Zimmer

und sorgt für gute Laune.

Sammle dafür möglichst große Blätter.

Besorge dir verschiedene getrocknete Duftpflanzen und Kräuter.

Lavendel beruhigt, Minze macht den Kopf frei, Zitrone belebt.

Welchen Duft magst du?

## DAS MACHST DU

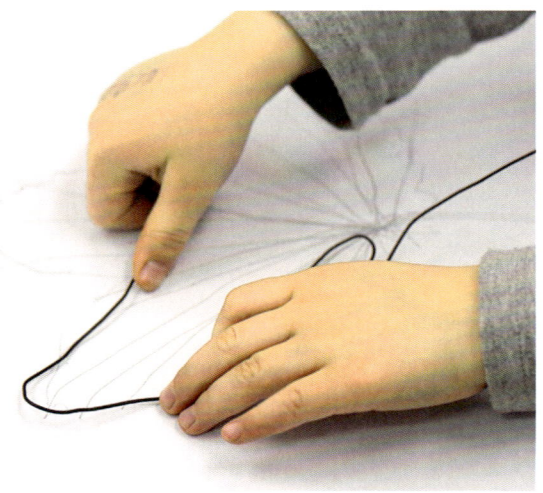

**1** Sammle draußen große Blätter von Bäumen oder arbeite mit den Vorlagen von Seite 198/199. Suche dir ein schönes Blatt aus und lege es auf das Zeichenpapier.

**2** Zeichne den **Umriss** mit dem Bleistift nach. Lege das Blatt beiseite und zeichne noch einige Blattadern ein.

**3** Schneide ein längeres Drahtstück mit der Kombizange ab.

**4** Biege damit den **Umriss** auf dem Papier nach. Gib zum Draht noch zweimal die Länge des Stiels dazu.

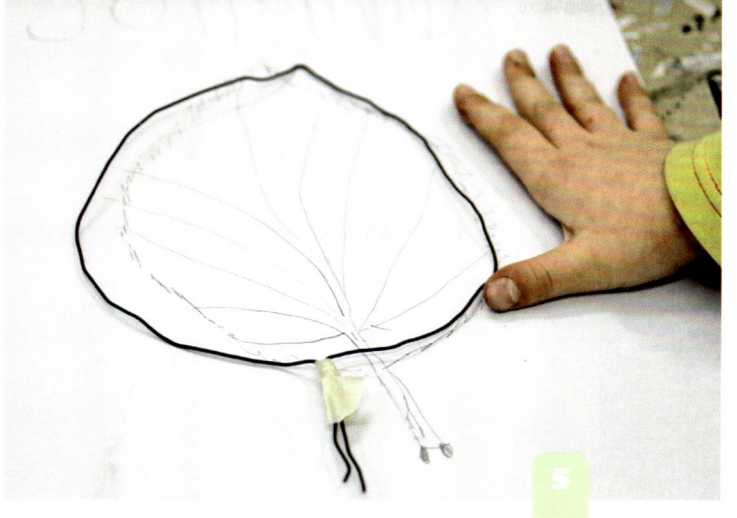

## DAS SCHAFFST DU SCHON

Eine Kombizange hat hinten zwischen ihren sogenannten Backen zwei scharfe Kanten, mit denen du Draht schneidest.
Vorne sind die Backen flach, damit biegst du den Draht.

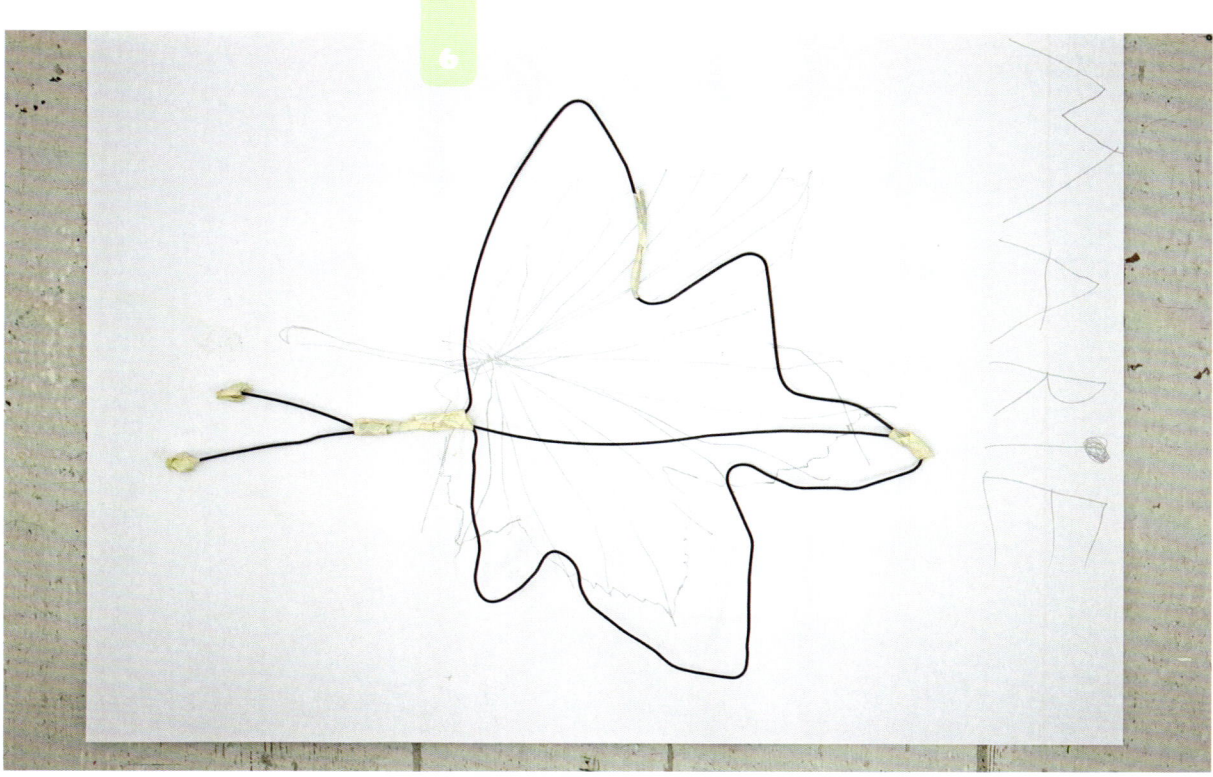

 Klebe die Form mit Kreppklebeband zusammen. Bei Iris wurden aus dem Stiel die Fühler eines Schmetterlings.

 Schneide noch einige Drahtstücke für die Blattadern ab. Befestige sie mit Kreppklebeband an der Blattform.

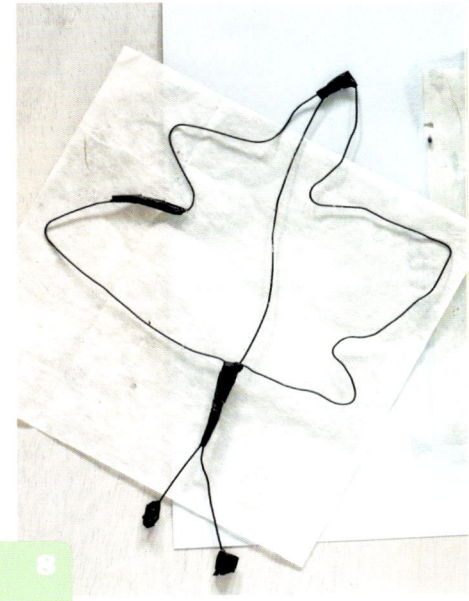

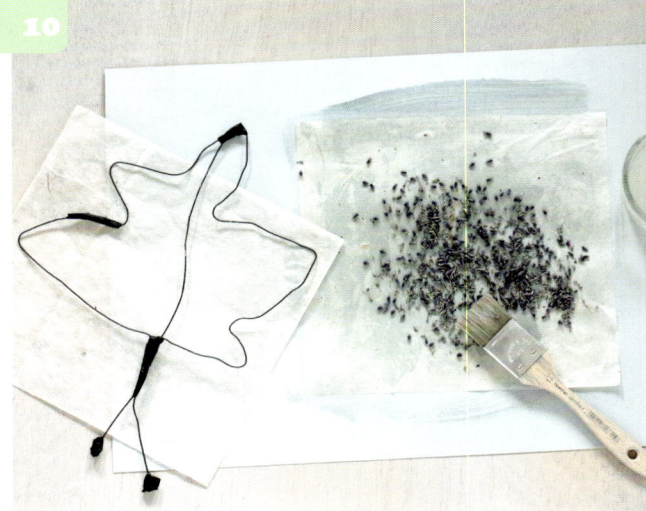

**7** Jetzt brauchst du Transparentpapier, Kleister sowie getrocknete Blüten oder Kräuter. Schön sieht es aus, wenn du die mit Kreppband umwickelten Stellen mit schwarzem Papiertape überklebst.

**8** Lege das Drahtgerüst auf das Transparentpapier. Schneide mit der Schere zwei Stücke in gleicher Größe zu.

**9** Streiche ein Stück Transparentpapier mit Kleister ein. Streue die getrockneten Blüten darauf.

**10** Das zweite Stück Transparentpapier ebenfalls mit Kleister einstreichen und auflegen. Die Ränder fest andrücken. Trocknen lassen.

**GESCHAFFT!**

**11** Den Rand schneidest du mit der Schere schön sauber ab.

**12** Das Blatt bemalst du mit Aquarellfarben. Wenn aus deinem Blatt wie bei Iris ein Schmetterling werden soll, tupfst du noch lustige Punkte auf. Dann eine farbige Schnur anbinden und das Blatt in dein Zimmer hängen.

**13** Wenn der Duft nachlässt, träufle etwas natürliches Duftöl auf – und weiterschnuppern!

Formen aus Papier auszuschneiden, ist ganz schön kniffelig. Mit etwas Übung hast du den Dreh aber schnell raus. Bevor du sie fest aufklebst, kannst du deine Papierschnitte erst mal probeweise auflegen und verschiedene Möglichkeiten austesten. Also ran an die Schere und ausschneiden!

# SCHNIPP, SCHNAPP!

**Kapitel 4**

**Mona, 9 Jahre**

## Das Material

- 3 Bogen Aquarellkarton
- graue und hellblaue Gouachefarbe
- breiter Grundierpinsel
- Kreppklebeband
- Stoff
- Früchte und Geschirr
- Bleistift
- Pinsel
- Wasserfarben
- Schere
- Klebestift

KAPITEL 4 · SCHNIPP, SCHNAPP!

# Aufgeklebte Meisterwerke

Auf einem Stillleben sind Früchte, Blumen und Geschirr zu sehen. Doch diese Dinge stehen nicht einfach für sich. Die Künstler wollen mit ihnen eine Geschichte erzählen. Ein angebissener Apfel ist ein Zeichen für die Vergänglichkeit des Lebens und wertvoller Schmuck erzählt von Reichtum. Wovon möchtest du erzählen?

## DAS MACHST DU

| 1 | 2 |
| 3 | 4 |

**1** Male zuerst einen Aquarellkarton für den **Hintergrund** deines **Stilllebens** mit dem Grundierpinsel grau an. Trocknen lassen.

**2** Stelle ihn an einen schweren Gegenstand gelehnt, auf den Tisch. Damit er nicht umfällt, klebst du ihn mit Kreppklebeband fest.

**3** Den Stoff legst du davor auf den Tisch. Er soll schöne Falten bilden. Stelle die Früchte und das Geschirr darauf.

**4** Toll sehen **gegensätzliche** Formen nebeneinander aus. Stelle eine große Kanne zu kleinen Kirschen oder lege einen runden Apfel neben eine lange Banane.

> **ACH SO IST DAS**
>
> **Komposition** bedeutet,
> mehrere Einzelteile so zusammen-
> zufügen, dass das Ganze
> schön aussieht oder klingt.
> Der Begriff wird nicht nur
> in der bildenden Kunst, sondern auch
> in der Musik verwendet.

 Den zweiten Bogen Aquarellkarton bemalst du in den Farben des **Stilllebens**, das du vor dir aufgebaut hast. Hier ist der **Hintergrund** grau und der **Vordergrund** hellblau. Trocknen lassen.

 Auf den dritten Bogen Aquarellkarton zeichnest du alle Dinge, die in deinem **Stillleben** zu sehen sind.

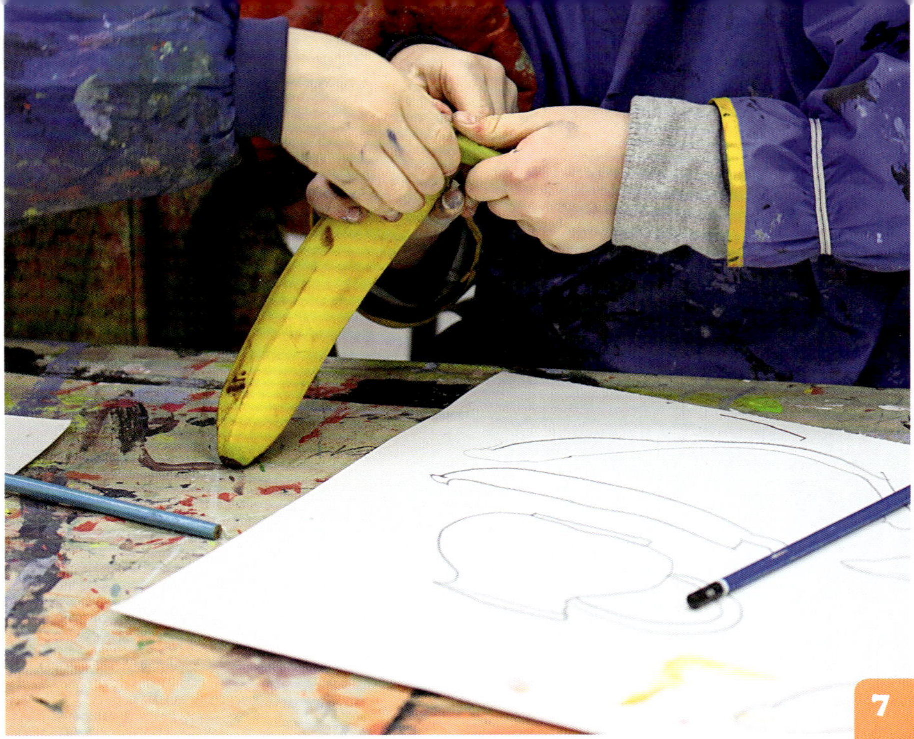

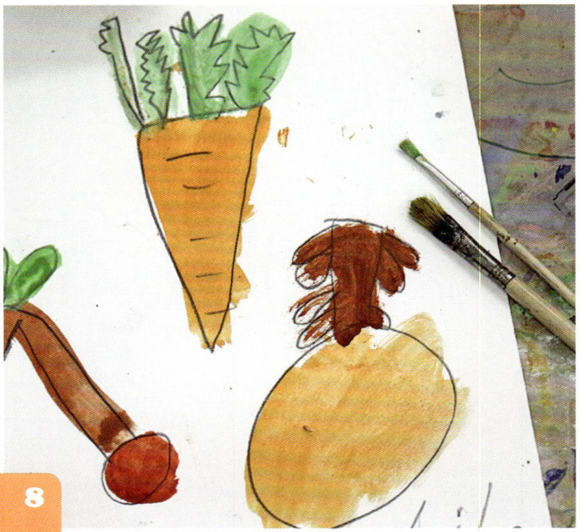

7 8
9 10

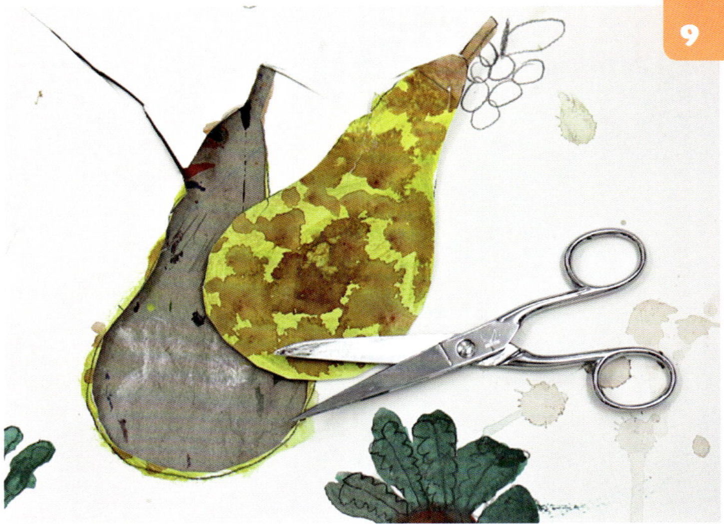

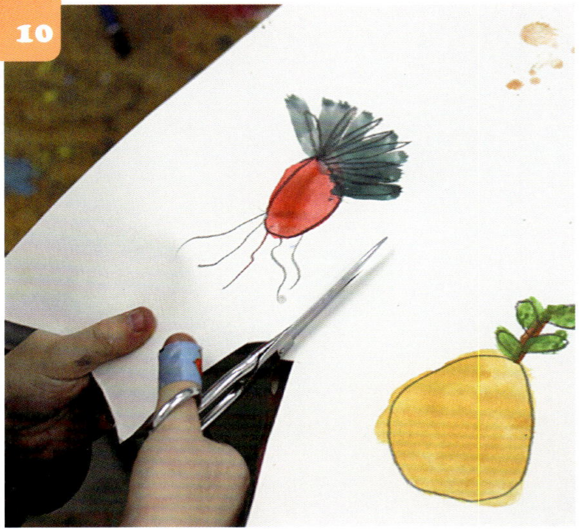

**7** Erst aufzeichnen, dann aufessen. Kleine Pausen müssen sein!

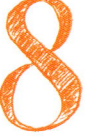

**8** Erkennst du die unterschiedlichen Formen und verschiedenen Farben in den Früchten? Male sie mit den Deckfarben aus dem Malkasten nach.

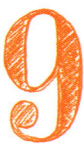

**9** Schneide die ausgemalten Formen mit der Schere aus.

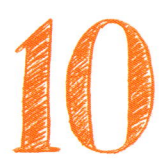

**10** Die kleinen Radieschenwurzeln auszuschneiden, ist ganz schön kniffelig.

**11** Lege alle ausgeschnittenen Teile auf das vorbereitete Blatt.

**12** Schiebe sie hin und her, bis das Bild gut aussieht. Klebe deine **Komposition** auf. Fertig ist dein Meisterwerk!

**GESCHAFFT!**

AUFGEKLEBTE MEISTERWERKE

## Das Material

- Zeichenpapier
- Lineal
- Schere
- Bleistift
- Holzstäbchen
- Klebestift
- Buntstifte
- Gummischnur, 1,5 mm stark, 50 cm lang
- Perle

Ranin, 10 Jahre

**KAPITEL 4 · SCHNIPP, SCHNAPP!**

# Schnell gemachte Papierläufer

Dieser niedliche Specht bewegt sich klopfend am Band hinunter, sobald du daran ziehst.

Mit anderen Tieren geht das genauso gut.

Der Trick dabei ist die richtige Balance.

Probier's aus! Kennst du noch andere Tiere, die auf Bäumen herumklettern?

## DAS MACHST DU

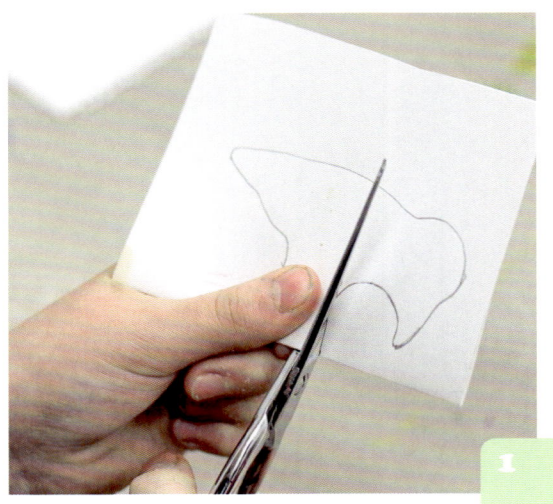

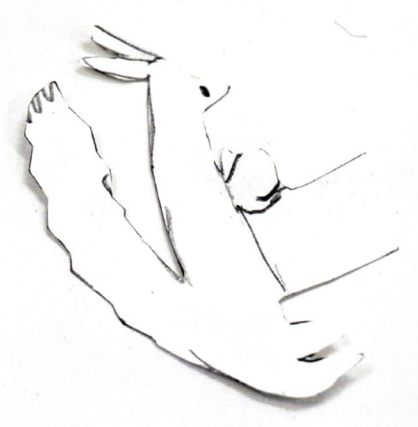

**1** Schneide einen 10 cm breiten und 15 cm langen Streifen Zeichenpapier zu. Falte ihn in der Mitte. Zeichne den Specht so auf, dass die Füße direkt an der Faltung anliegen. Schneide ihn aus. Wenn du magst, kannst du die Vorlage von Seite 198 verwenden.

**2** Falte das ausgeschnittene, doppelt liegende Papier auseinander. Lege das Holzstäbchen in die Mitte. Streiche das Papier bis an den Stäbchenrand mit dem Klebestift ein. Zusammenkleben und trocknen lassen.

**3** Ziehe das Holzstäbchen heraus. Male beide Seiten des Spechts schön bunt an.

**4** Das funktioniert auch mit einem anderen Tier: hier ein Eichhörnchen.

### DAS SCHAFFST DU SCHON

Finde die richtige **Balance**, damit der Vogel klettert. Mach den Tunnel für die Schnur schmaler oder breiter, wenn sie nicht gut hindurchläuft. Kippt der Vogel nach hinten, ist er zu schwer. Schneide etwas von ihm ab.

**GESCHAFFT!**

 Drücke mit den Fingern die Faltung an den Füßchen auf und ziehe die Gummischnur hindurch. Knote unten die Perle an. Oben machst du eine Schlaufe.

 Ziehe an der Schnur und dein Papierläufer klopft oder klettert flink am Band hinunter.

## Das Material

- Packpapier
- Wachskreiden und Buntstifte
- Vogelbestimmungsbuch
- Zeichenpapier
- Bleistift
- Schere
- Klebestift

Bronwen, 8 Jahre

KAPITEL 4 · SCHNIPP, SCHNAPP!

# Zwitschernde Vogelcollage

Jetzt wird es bunt.

Welche Farbe hat der Gesang von Vögeln?

Ist er warm wie ein Rot?

Klingt er kühl wie ein frisches Blau? Hüpft die

Melodie lustig wie ein Grasgrün?

Suche die Farbe des Stiftes danach aus, was du beim

Hören des Gezwitschers fühlst.

## DAS MACHST DU

**1** Breite einen Bogen Packpapier auf dem Tisch aus. Hör dir die Vogelstimmen über den QR-Code an. Suche die für dich farblich dazu passenden Wachskreiden oder Stifte aus. Nimm einen Stift in die Hand, schließe die Augen und bitte jemanden, die Vogelstimmen noch einmal abzuspielen. Zeichne die Vogelstimmen nach.

**2** Finde im Bestimmungsbuch den passenden Vogel zu deiner Zwitscherzeichnung und zeichne ihn ab.

**3** Schneide etwas von dem Gezwitscher aus und klebe es zu dem Vogel.

## ACH SO IST DAS

Es gibt Menschen, die automatisch, wenn sie Klänge hören, Farben sehen. Man nennt sie **Synästhetiker**. Du setzt beim Hören der Vogelstimmen deine **Vorstellungskraft** ein. Singt der Vogel hoch oder tief, ist der Ton warm oder kalt, die Melodie schnell oder langsam? Suche die passende Farbe aus und bewege den Stift zur Melodie der Vogelstimmen auf dem Papier.

  Oder schneide den Vogel aus und klebe ihn zu deinem gezeichneten Gezwitscher.

Papier ist ein Alleskönner und kann ganz unterschiedliche Eigenschaften haben. Es gibt dickes, dünnes, glattes, raues, weiches, zartes und so leichtes Papier, dass der Wind es davonträgt.

# GUTEN FLUG!

Kapitel

## Das Material

- Brottüten
- farbige Krepppapiere
- Klebestift
- Schere
- 2 Ventilatoren

**Ranin, 9 Jahre**

**KAPITEL 5 · GUTEN FLUG!**

# Tanz der Tüten

Aus einfachen Brottüten bastelst du lustige Flugobjekte.
Zwei Ventilatoren bringen sie dazu,
Loopings zu machen. Experimentiere mit der Form
und dem Schwerpunkt der Tüten.
Findest du heraus, wann sie am besten fliegen?

## DAS MACHST DU

**1** Schneide und falte Brottüten zu Blütenformen. Klebe ihnen bunte Schwänzchen aus Krepppapier an.

**2** Stelle zwei Ventilatoren in eine Zimmerecke und schalte sie an.

**3** Experimentiere mit den Tüten im Luftstrom. Wann tanzen sie am schönsten?

### ACH SO IST DAS

Wenn der **Schwerpunkt** der Papiertüten unten ist, tanzen sie im Luftstrom gerade nach oben.

## GESCHAFFT!

 Verändere Form und **Schwerpunkt** der Tüten. Schneide Löcher hinein. Stelle die Ventilatoren unterschiedlich auf. Bringe die Tüten dazu, Loopings zu machen.

## Das Material

- farbige Plastiktüten
- Graupappe, 30 x 30 cm
- Filzstifte
- Schere
- buntes Baumwollgarn
- Zeichenpapier
- Bleistift
- Klebestift

Hannah, 6 Jahre

**KAPITEL 5 · GUTEN FLUG!**

# Mutige Fallschirmspringer

An einen Fallschirm aus einer Plastiktüte

hängst du eine Papierfigur.

Wohnst du in einem oberen Stockwerk?

Prima! Wirf deinen

Fallschirmspringer aus dem Fenster – aber nur,

wenn Papa und Mama dabei sind.

Wie weit fliegt er?

## DAS MACHST DU

**1** Schneide zuerst die Plastiktüte auseinander. Lege die Graupappe auf, umfahre sie mit einem Filzstift und schneide das Plastiktütenquadrat aus.

**2** Als Nächstes schneidest du vier ca. 35 cm lange Fäden vom Baumwollgarn ab und knotest sie an die Ecken des Plastiktütenquadrats.

**3** Zeichne eine Figur, die dir als Fallschirmspringer dienen soll, mit Bleistift auf das Zeichenpapier.

**4** Male sie schön bunt aus. Anschließend ausschneiden und die Rückseite ausmalen.

### ACH SO IST DAS

Wenn der Fallschirm nicht gut fliegt, ist deine Figur zu schwer oder zu leicht. Klebe noch etwas an die Figur oder schneide ein wenig Papier ab. Probier's aus!

**GESCHAFFT!**

 Knote die vier Fäden des Fallschirms zusammen. Klebe sie hinten an die Figur.

 Klettere auf den Tisch und wirf den Fallschirm in die Luft. Stell dir vor, du würdest selber durch die Luft sausen.

## Das Material

- Abbildungen von Insekten
- Zeichenpapier
- Bleistift
- Aluminiumdrahtrolle
- Kombizange
- Klopapier
- Kreppklebeband
- Transparentpapier
- Tapetenkleister
- Pinsel
- Gouachefarben
- Aquarellfarben
- schwarzer Filzstift
- Pinnwandnadel
- farbige Schnur

**Bronwen, 9 Jahre**

## Zarte Flieger

Schau dir Abbildungen von fliegenden

Insekten an. Es ist unglaublich,

wie unterschiedlich ihre Flügel geformt sind.

Sie schillern in allen Farben.

Hast du schon einmal eine Libelle

von ganz nah angesehen?

## DAS MACHST DU

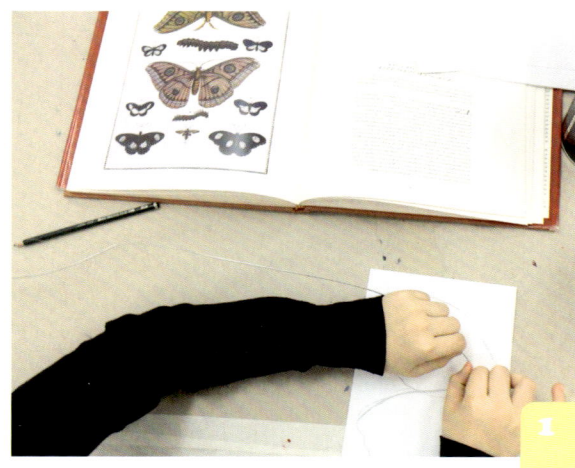
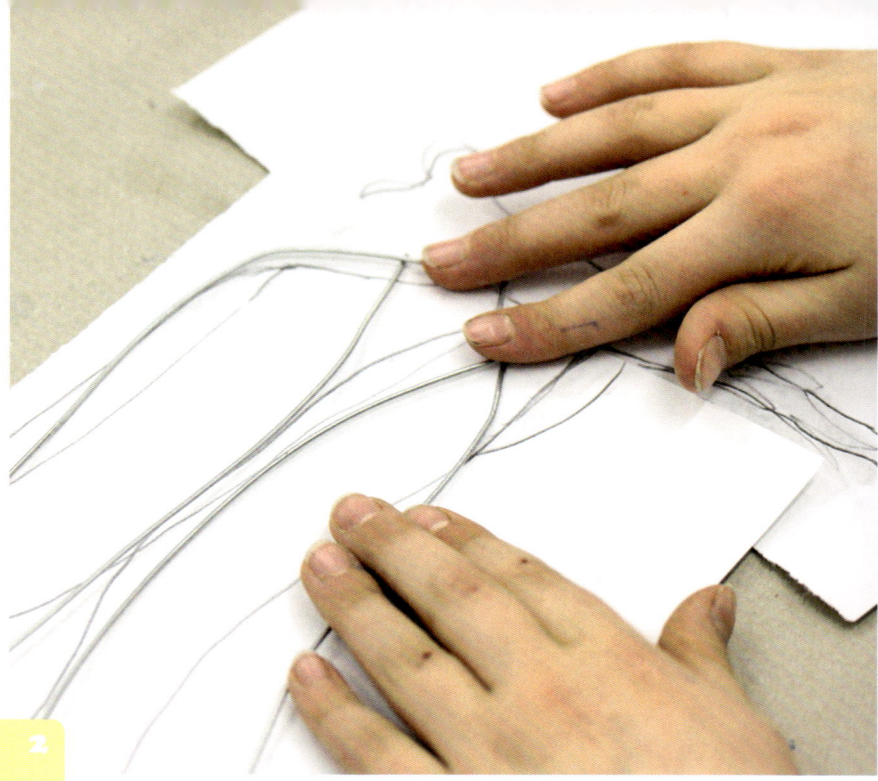

 Suche nach einer Abbildung von einem Insekt mit einer schönen Flügelform. Zeichne nur einen Vorder- und einen Hinterflügel ab, da diese jeweils auf beiden Seiten des Körpers gleich sind.

 Schneide mit der Kombizange zwei längere Drahtstücke ab. Biege die Flügel direkt auf der Zeichnung nach. Aus einem Drahtstück kannst du zwei sich gegenüberliegende Flügel biegen.

 Als Nächstes zerknüllst du Klopapier und formst daraus den Insektenkörper. Umwickle ihn fest mit Kreppklebeband.

 Befestige die Drahtflügel mit Kreppklebeband rechts und links am Insektenkörper.

## DAS SCHAFFST DU SCHON

Da sich dicker Draht nicht so leicht biegen lässt, nimmst du den flachen vorderen Teil der Kombizange zu Hilfe. Die hinteren scharfen Backen der Zange sind zum Schneiden da.

 Schneide drei Drahtstückchen (für sechs Insektenbeinchen) ab und biege sie in Form. Umwickle sie mit Kreppklebeband und klebe sie ebenfalls an.

 Reiße Transparentpapier in kleine Stücke, tauche sie in Tapetenkleister und umklebe damit die Drahtflügel.

 Wenn du die Flügel ganz beklebt hast, lass sie trocknen.

 Male den Körper mit Gouachefarben an, die Flügel am besten mit Aquarellfarbe oder stark verdünnter Gouachefarbe. Sie sollten durchscheinend sein.

 Die winzigen Augen malst du mit dem Filzstift auf.

 Balanciere dein Insekt in der Hand, um den **Schwerpunkt** für die Aufhängung zu finden. Stich dort eine Pinnwandnadel hinein.

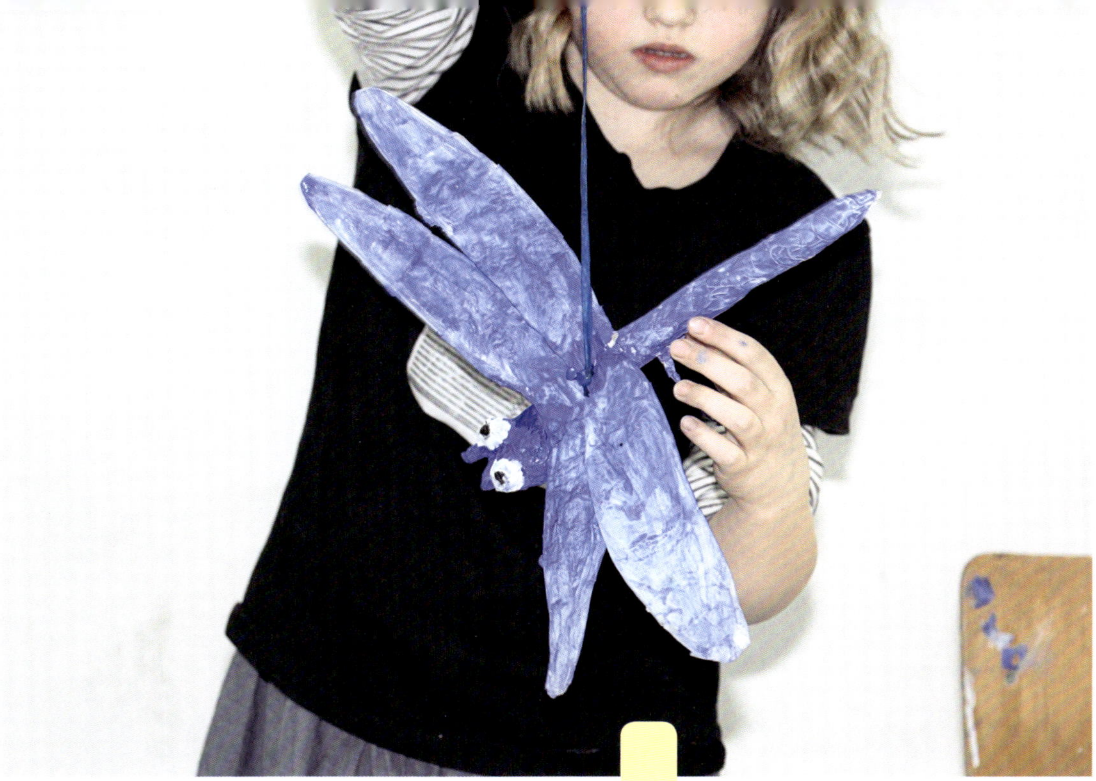




11

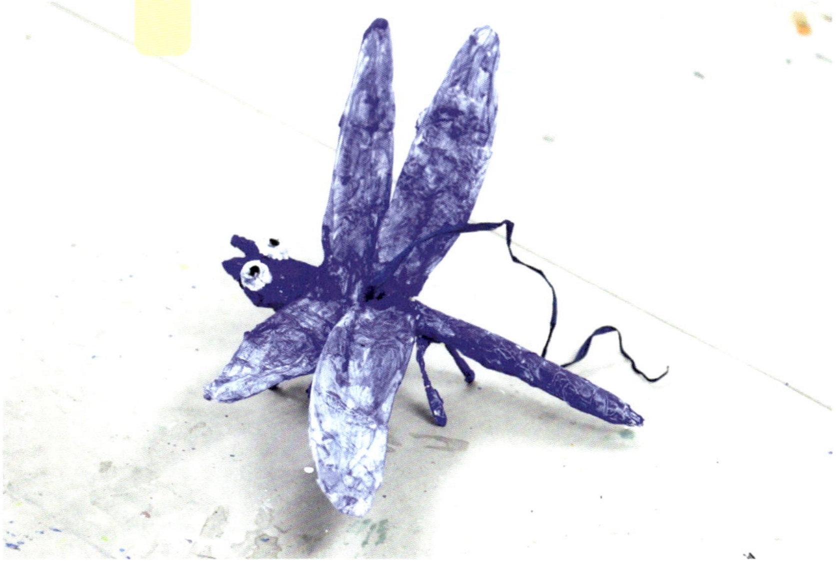

GESCHAFFT!

11 Zum Schluss knotest du eine farbige Schnur an. Aufhängen und bewundern!

Licht und Schatten gehören zusammen.

Sie zaubern fantastische Muster in dein Zimmer.

Halte farbiges Papier vor eine Lampe

oder stich Löcher in Papier und beleuchte es von hinten.

Was passiert an der Wand?

# LICHT AN!

Kapitel **6**

## Das Material

- Obstkiste aus starker Pappe
- Cutter
- Metalllineal
- weiße Wandfarbe
- Pinsel
- Zeitschriften
- Rundhölzchen, ca. 50 cm lang
- Klebestift
- Heißklebepistole
- matte Transparentfolie in der Größe der Kiste
- Schere
- Zeichenpapier
- Gouachefarben
- Buntstifte
- Holzstäbchen
- Knete
- LED-Baustrahler
- eventuell Vorhangstoff und Schnur

Rita, 8 Jahre

**KAPITEL 6 · LICHT AN!**

# Schattentheater

Eine ausrangierte Obstkiste wird

mit wenigen Handgriffen zur festlichen Theaterbühne.

Wie im richtigen Schattentheater

lässt du die Figuren durch Licht lebendig werden.

Finde heraus, wie das kleine

Ponyfohlen zum riesigen Monster wird!

## DAS MACHST DU

 Denke dir eine kurze, spannende Geschichte aus. Welche Personen und Tiere spielen mit? Welches Zubehör brauchst du? Schreibe ein Theaterstück.

 Bitte einen Erwachsenen, den Boden der Obstkiste mithilfe von Cutter und Metalllineal auszuschneiden. Ein Rand von ca. 4 cm bleibt stehen.

 Streiche die Kiste von außen mit weißer Wandfarbe an.

 Rolle einzelne Zeitschriftenseiten diagonal um das Rundhölzchen. Das Papierende festkleben und das Hölzchen herausziehen. Die Enden einiger Papierröhrchen zu Schnörkeln biegen und das Theaterdach damit schmücken.

 Klebe mehrere Papierröhrchen zu Säulen zusammen und male sie bunt an. Klebe sie unter Aufsicht eines Erwachsenen mit der Heißklebepistole rechts und links der Bühne fest.

 Schneide ein passendes Stück Transparentfolie zu und klebe es von hinten mit Klebestift über den ausgeschnittenen Kistenboden.

 Zeichne alle Figuren und das Zubehör für dein Theaterstück auf Zeichenpapier. Alles ausschneiden und von hinten jeweils Holzstäbchen ankleben.

 Damit die Figuren stehen, steckst du die Stäbchen in Knetkugeln. Probiere als Nächstes aus, ob der Schattenwurf der Figuren gut zu erkennen ist.

 Stelle sie vor eine Wand und leuchte sie an. Sieht der Schatten gut aus? Manchmal musst du noch etwas nachschneiden.

SCHATTENTHEATER

**10** Denke dir eine Befestigung für Teile aus, die von oben ins Spiel kommen. Wenn du magst, kannst du mit Stoff, Papierröhrchen und zwei Schnüren noch einen Vorhang für das Theater basteln.

**11** Lade Freunde ein. Lege alle Figuren bereit. Licht an und Vorhang auf!

## Das Material

- schwarzer Fotokarton
- Schere
- Lineal
- Klebestift
- farbiges Transparentpapier
- LED-Baustrahler
- Verlängerungsschnur
- Kreppklebeband
- Fotoapparat und Stativ

Şirin, 9 Jahre

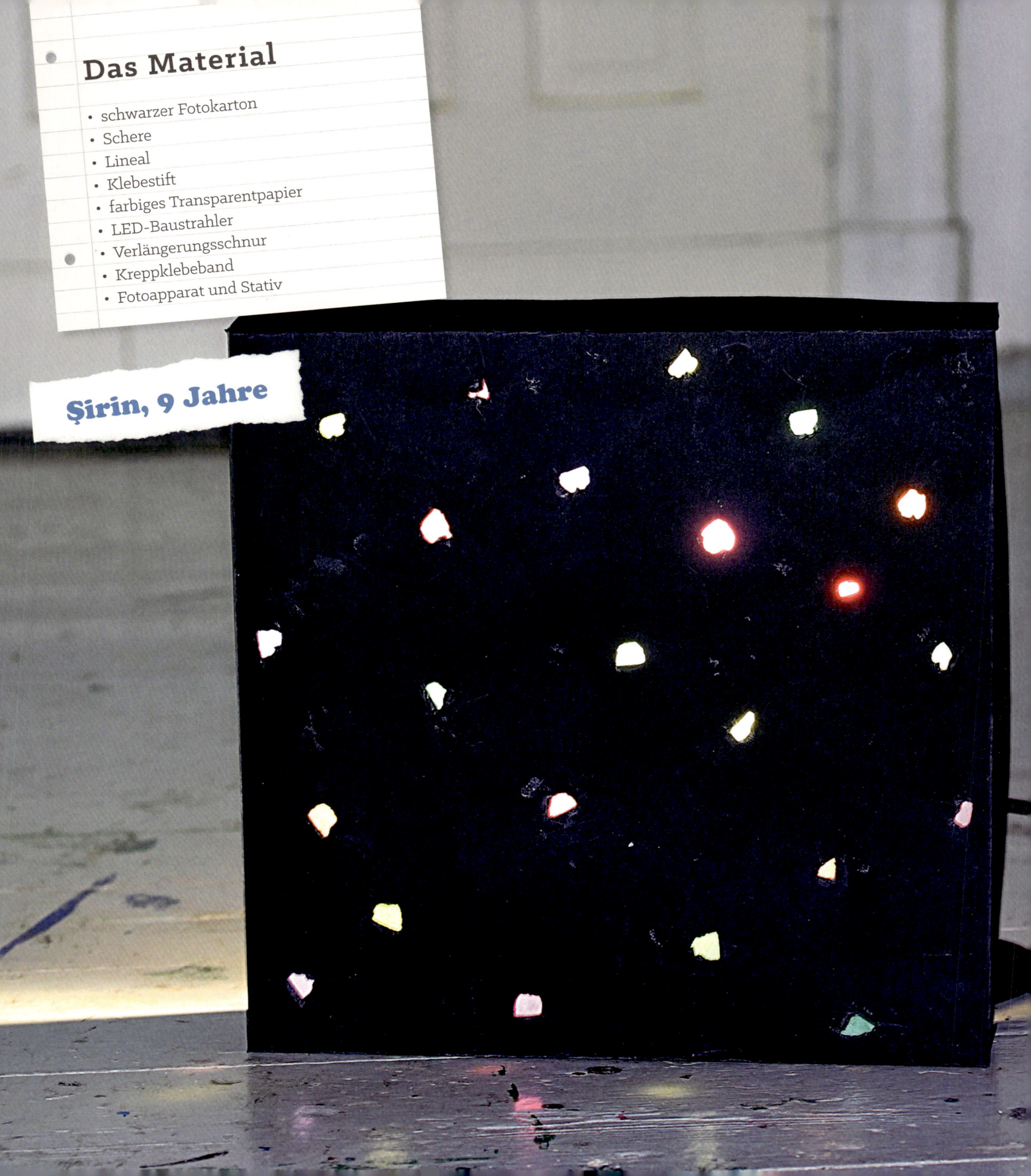

KAPITEL 6 · LICHT AN!

# Papier mit Durchblick

Einen schwarzen Kasten mit Löchern,

farbiges Transparentpapier und eine starke Lampe.

Mehr brauchst du nicht, um ein Feuerwerk aus Licht zu zaubern.

Hast du einen Fotoapparat?

Dann halte das Spektakel mit einer langen Belichtungszeit fest.

Lade Freunde dazu ein, zusammen habt ihr richtig viel Spaß.

## DAS MACHST DU

 Zuerst bastelst du aus schwarzem Fotokarton einen Kasten: Karton quadratisch zuschneiden, an den Seiten jeweils 10 cm abmessen. Kanten umfalten und an zwei Seiten bis zur Faltung einschneiden. Laschen festkleben.

 Mit einer spitzen Schere kleine Löcher hineinstechen. Von hinten mit kleinen Stückchen farbigem Transparentpapier bekleben.

 Halte den Karton vor den Strahler. Überprüfe, ob die Farben schön verteilt sind.

PAPIER MIT DURCHBLICK

107

**4** Fotoapparat aufbauen, Karton mit Kreppklebeband vor den Strahler kleben. Raum verdunkeln. Strahler mit dem Karton hochheben und wild hin und her bewegen. Mit einer langen Belichtungszeit fotografieren. Lass von dem farbigen Feuerwerk große Fotoabzüge machen.

GESCHAFFT!

## Das Material

- Schuhkarton mit Deckel
- Flaschendeckel
- Cutter
- Gouachefarbe
- großer Pinsel
- Aquarellkarton
- Bleistift
- Lineal
- Wasserfarben
- Malpinsel
- Schere
- Klebestift
- Taschenlampe

**Ranin, 9 Jahre**

KAPITEL 6 · LICHT AN!

# Kino im Karton

Mach dein eigenes Kino!

Du brauchst dafür nur einen Schuhkarton mit Guckloch,

eine Taschenlampe und ein selbst gebasteltes Filmset aus Papier.

Das A und O jedes Films ist ein gutes Drehbuch.

Welche spannende Story willst du in deinem Kartonkino darstellen?

Und wie soll dein Blockbuster heißen?

## DAS MACHST DU

| 1 | 2 |
| --- | --- |
| 3 | 4 |

**1** Zeichne mithilfe des Flaschendeckels zwei Kreise rechts und links auf eine lange Seitenwand des Schuhkartons und schneide sie mit dem Cutter aus. Durch diese Löcher fällt später das Licht auf das Filmset.

**2** Male den Karton innen und außen mit Gouachefarbe an. Trocknen lassen. Den Deckel des Schuhkartons legst du zunächst beiseite.

**3** Zeichne alle Teile, die du für dein Filmset brauchst, auf den Aquarellkarton.

**4** Gib unten je einen Streifen von 1 cm für die Klebelasche dazu. Dann die Teile anmalen und ausschneiden. Die Klebelaschen bleiben weiß. Knicke sie nach hinten um.

### ACH SO IST DAS

Ein Filmset ist der Ort, an dem eine Filmszene aufgenommen wird. Dieser Ort wird sorgfältig ausgesucht oder in einem Filmstudio mithilfe von gebauten Kulissen nachgeahmt. Zur Ausstattung eines Filmsets gehören alle Einzelteile des Handlungsortes – also auch Häuser, Bäume oder Berge.

 Klebe die ausgeschnittenen Teile an den Klebelaschen in den Karton.

 Lass etwas Abstand zwischen den einzelnen Teilen. Die Berge von Ranins Filmset werfen später großartige Schatten, wenn sie von oben mit der Taschenlampe angeleuchtet werden.

 Damit alles gut zu sehen ist, lässt du etwas Abstand zum vorderen Rand des Kartons.

 Jetzt kommt der Kartondeckel ins Spiel. Zeichne einen weiteren Kreis in die Mitte des Deckels und schneide ihn aus. Setze den Deckel probeweise auf den Karton. Du solltest freie Sicht auf das Filmset haben, wenn du durch das Loch schaust.

 Du kannst deinen Guckkasten auch außen verzieren. Hier landet ein Raubvogel auf Ranins Kasten.

 Ranin füttert ihre hungrigen Raubvögel mit kleinen Fischen.

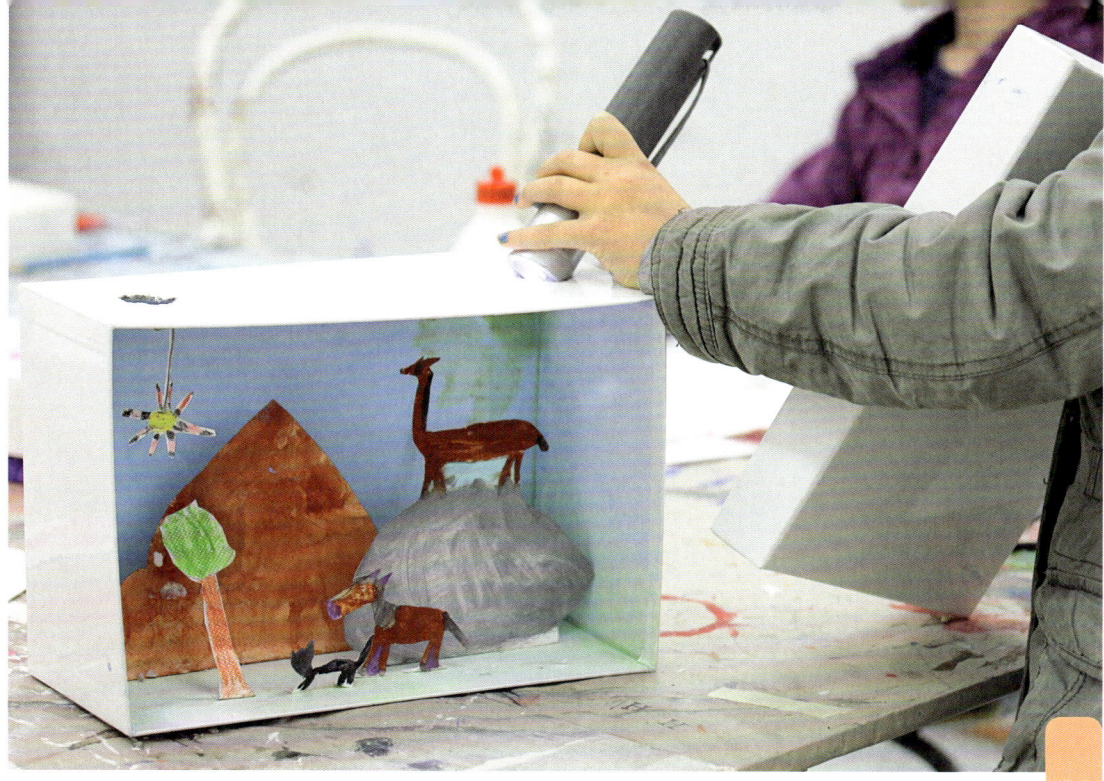

11

**GESCHAFFT!**

 Sind alle Teile im Karton am richtigen Platz? Dann Deckel drauf, Taschenlampe an, durch das Guckloch schauen und staunen!

Du kannst Papier ganz leicht in **dreidimensionale**

Kunstwerke verwandeln.

**Dreidimensional** bedeutet:

Zur Breite und Höhe des Papiers

kommt noch die Tiefe dazu.

Dein Bastelobjekt ist also nicht flach wie das Papier,

sondern hat noch eine dritte, räumliche Dimension.

Eins, zwei, drei: Los geht's!

# FANTASTISCHE PAPIEROBJEKTE

**Kapitel 7**

## Das Material

- Zeitungspapier
- Kreppklebeband
- Tapetenkleister
- Holzstäbchen
- Gouachefarben
- Pinsel
- Filzstifte
- Pappteller

**Athanasios, 7 Jahre**

**KAPITEL 7 · FANTASTISCHE PAPIEROBJEKTE**

# Papiermaché-Leckereien

Mit Essen spielt man nicht? Denkste!

Bastle dein Lieblingsgericht aus Zeitungspapier und Kleister –

damit kannst du tolle Spiele spielen.

Wie wäre es zum Beispiel mit einem Besuch

im Restaurant oder im Kochstudio?

## DAS MACHST DU

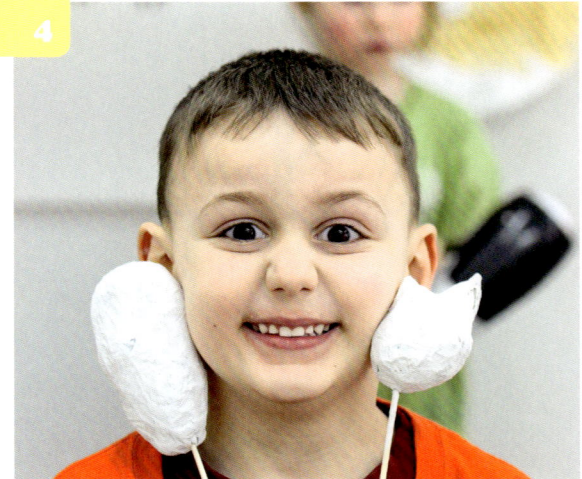

**1** Zerknülle Zeitungspapier und forme daraus Leckereien. Hast du ein Lieblingsessen?

**2** Umwickle die Formen fest mit Kreppklebeband.

**3** Reiße als Nächstes Zeitungspapier in kleine Fetzen, tauche sie in Kleister und beklebe die Formen rundum damit. Trocknen lassen.

**4** Male die Formen mit weißer Farbe an. Lass sie auf Holzstäbchen gesteckt trocknen.

### ACH SO IST DAS

Zeitungspapier, das du dick mit Kleister einstreichst, wird nach dem Trocknen fester. Der in Wasser aufgelöste Kleister wird wieder hart, wenn das Wasser verdunstet.

 Zuletzt malst du sie schön bunt an. Wieder trocknen lassen.

**GESCHAFFT!**

 Richte die Leckereien auf einem Pappteller an. Guten Appetit!

## Das Material

- Aquarellpapier
- Bleistift
- Gouachefarben
- Pinsel
- Buntstifte
- Schere
- Klebestift
- Vierkantholz (zum Beispiel Stab einer Feuerwerksrakete)
- Holzleim

Athanasios und Lisa, 7 Jahre

KAPITEL 7 · FANTASTISCHE PAPIEROBJEKTE

# Tierische Stabmasken

Stabmasken heißen so,

weil du sie an einem Stab vor dein Gesicht hältst.

So hast du zwar nur eine Hand frei,

aber du schwitzt auch viel weniger als unter einer umgebundenen Maske.

Es darf also gerne wilder zugehen,

wenn verschiedene Raubtiere aufeinandertreffen.

Welches Tier möchtest du sein?

## DAS MACHST DU

 Halte das Papier vor dein Gesicht und bitte jemanden, den **Umfang** deines Kopfes nachzuzeichnen. Mach die Form etwas größer als deinen Kopf, zeichne das Gesicht eines Tieres auf und schneide die Form aus.

 Male den Tierkopf farbig an. Schneide Ohren, Schnurrhaare oder Zähne aus Papier aus, bemale sie und klebe sie an.

 Halte den Tierkopf wieder vor dein Gesicht und bitte jemanden, deine Augenposition zu **markieren**. Schneide dort die Augenlöcher aus.

 Male das Vierkantholz schwarz an. Lass es trocknen. Streiche ein Ende mit Holzleim ein und klebe den Tierkopf auf. Wieder trocknen lassen.

**GESCHAFFT!**

 Mona wollte die Augen ihres Hundes nicht ausschneiden, weil ihr der Hundekopf so besser gefiel. Ihre Stabmaske schmückt nun zu Hause ihre Zimmerwand.

 Bist du mit deiner Maske zufrieden? Dann kann das Verwandlungsspiel beginnen!

## Das Material

- mehrere Bogen weißes Seidenpapier, ca. 20 x 40 cm
- matter Transparentklebefilm
- schwarzer Filzstift
- gerade Stöckchen
- Schere
- Seitenschneider
- schmales Kreppklebeband

**Hannah und Johanna, 8 Jahre**

KAPITEL 7 · FANTASTISCHE PAPIEROBJEKTE

# Zerknitterter Klettermax

Mit Seidenpapier und viel Fantasie bastelst du

zarte Figuren. Zerknülle, zupfe, ziehe

das Papier. Schon wachsen Arme, Beine, Körper und Kopf.

Ups: Die Arme sind länger

als die Beine. Oder muss es umgekehrt sein?

## DAS MACHST DU

**1** Zerknittere einen Bogen Seidenpapier und zupfe die vier Ecken für die Arme und Beine heraus.

**2** Forme oben einen Kopf. Knäuele das Papier in der Mitte zum Körper zusammen.

**3** Wenn du alle Körperteile zurechtgezupft hast, klebe sie mit Klebefilm fest.

**4** Schneide mit dem Seitenschneider zwei lange Stöckchen für die Seitenteile und mehrere kurze für die Leitersprossen zu. Wenn alles passt, klebe sie mit Kreppklebeband zusammen.

> **ACH SO IST DAS**
> 
> Papier besteht aus länglichen Fasern, die zerbrechen, wenn du es zerknüllst oder faltest.
> Dadurch wird es weicher und lässt sich besser formen.
> Knüllst du es jedoch zu stark, wird es lappig. Nimm dann einfach einen neuen Bogen und probier's noch einmal.

 Lass deine Figur akrobatisch an der Leiter hochklettern.

 Zwei fröhliche Klettermaxe: Schau dir im Video noch einmal an, wie sie entstehen.

**GESCHAFFT!**

Pappen sind zum Wegwerfen viel zu schade. Leg dir davon einen Vorrat an. Künstler wie Pablo Picasso haben großartige Skulpturen aus Pappe gebaut. Kennst du diesen berühmten Maler und Bildhauer?

# ALLES PAPPE ODER WAS?

Kapitel

## Das Material

- einwellige Pappen
- Bleistift
- Schere
- Gouachefarben
- Pinsel
- Hartfaserplatte, 3 mm stark, 45 x 30 cm
- 2 Vierkanthölzer, 1,5 x 1,5 cm, 43,5 cm lang
- 2 Vierkanthölzer, 1,5 x 1,5 cm, 28,5 cm lang (oder Stäbe von Feuerwerksraketen)
- Nägel
- Hammer
- Feinsäge
- weiße Wandfarbe
- doppelseitiges Klebeband

Hannah, 6 Jahre

**KAPITEL 8 · ALLES PAPPE ODER WAS?**

# Komische Pappformen

Dreieck, Rechteck, Quadrat und Kreis sind geometrische Grundformen. Kritzle sie blitzschnell auf Pappkarton, dann entstehen besonders lustige Formen. Schneide sie aus und male sie nach Lust und Laune bunt an. Lege deine Lieblingsformen zu einem schönen Bild zusammen.

## DAS MACHST DU

**1** Kritzle mit dem Bleistift so schnell, wie du kannst, Formen auf die Pappe. Schneide sie mit der Schere aus.

**2** Male sie bunt an. Trocknen lassen. Im nächsten Schritt bastelst du für die bunten Teile einen schlichten weißen Rahmen.

**3** Säge die Vierkanthölzer zu und nagele sie von hinten an die Platte. Lass dir von einem Erwachsenen helfen. Male die Platte mit dem Rahmen mit weißer Wandfarbe an.

**4** Lege die Formen auf die Platte, ordne sie schön an. Wenn dir Formen fehlen oder nicht gefallen, schneide noch weitere aus und ergänze dein Bild oder tausche Formen aus.

### ACH SO IST DAS

Es gibt einwellige und zweiwellige Pappe. Das erkennst du an der Schnittkante. Dort siehst du eine oder zwei gewellte Schichten Papier. Für deine komischen Formen nimmst du am besten einwellige Pappe: Sie ist dünner und lässt sich mit der Schere schneiden.

 Klebe die Formen mit doppelseitigem Klebeband auf.

**GESCHAFFT!**

 Fertig ist ein tolles Kunstwerk für Mama oder Papa!

## Das Material

- einwellige und zweiwellige Pappen
- Bleistift
- Cutter oder Schere
- doppelseitiges Klebeband
- Gouachefarben
- Glasscheibe
- Farbwalze
- mehrere Bogen Aquarellpapier
- eventuell Stifte

**Bronwen, 8 Jahre**

# Karton macht Eindruck

Mit Pappe drucken? Ja, das geht prima.
Aber nur so lange, bis der Karton platt gewalzt ist.
Anschließend werden die Drucke
ungenau. Das macht aber nix.
Schneide einfach neue Formen aus und
weiter geht's!

## DAS MACHST DU

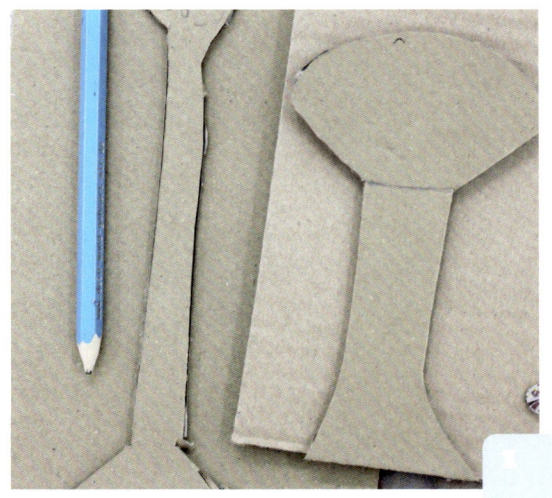

 Zeichne mit dem Bleistift einfache Formen wie Häuser und Bäume auf einwelligen Pappkarton.

 Schneide die **Motive** unter der Aufsicht eines Erwachsenen mit dem Cutter aus.

 Das Ausschneiden mit dem Cutter ergibt einen geraden, sauberen Schnitt. Du kannst aber auch die Schere nehmen.

 Klebe die Formen mit doppelseitigem Klebeband einzeln auf einen dickeren, zweiwelligen Karton. Das ist der sogenannte Druckstock.

## ACH SO IST DAS

Der Druckstock ist das Teil, das du mit Farbe einrollst und auf Papier abdruckst. Das Verfahren heißt Hochdruck, weil die höher stehenden Flächen abgedruckt werden. Das gedruckte Bild ist im Vergleich zum Bild auf dem Druckstock seitenverkehrt.

 Gib einen Klecks Farbe auf die Glasscheibe. Rolle die Walze darin so lange hin und her, bis sie gleichmäßig mit Farbe bedeckt ist.

 Rolle den Druckstock gleichmäßig mit der Walze ein. Nicht zu viel Farbe auftragen, sonst wird der Druck unsauber.

 Dann den Druckstock mit der Farbfläche nach unten auf einen Papierbogen drücken. Verwende für jeden Druckstock nur eine Farbe.

 Mit leichtem Druck gleichmäßig mit der Handfläche über den Druckstock reiben. Den Druckstock langsam wieder vom Papier abziehen.

 Einmal mit Farbe eingerollt, kannst du den Druckstock mehrmals hintereinander abdrucken.

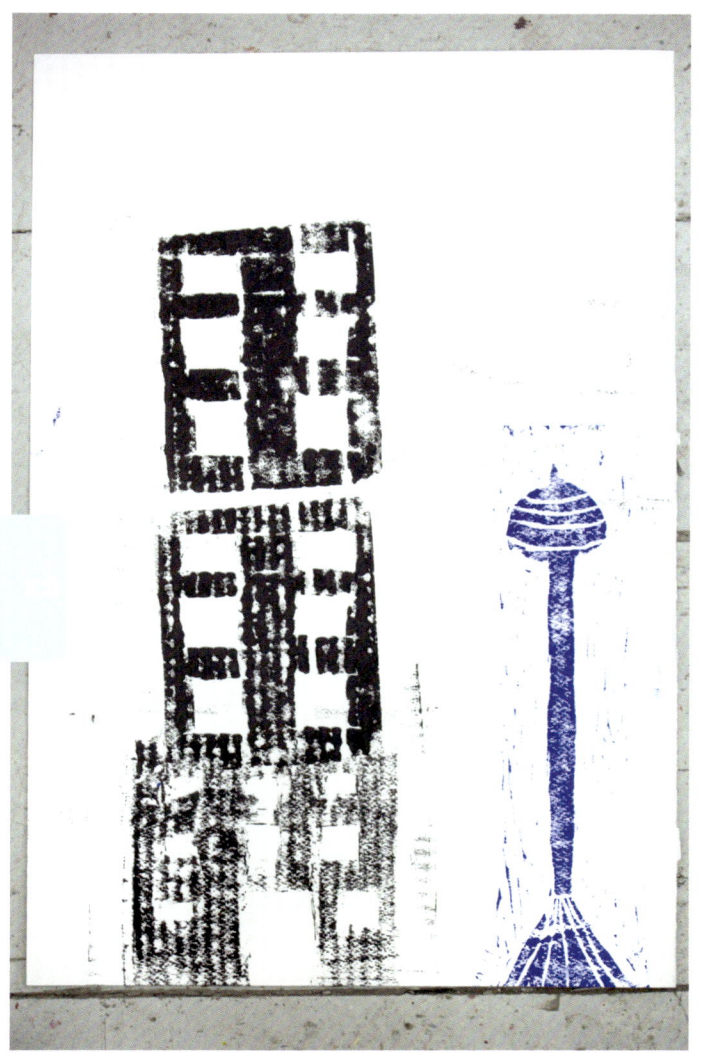

KARTON MACHT EINDRUCK

139

 Du kannst so lange damit drucken, bis der Karton platt gewalzt ist.

**11** Wenn du Lust hast, verschönere deine Drucke. Bronwen zeichnet Regentropfen hinein.

**12** Der Berliner Fernsehturm in bester Gesellschaft.

## Das Material

- ein- und zweiwellige Pappe
- Verpackungsschalen aus Pappe
- Bleistift
- Schere
- Cutter
- Metalllineal
- doppelseitiges Klebeband
- Kreppklebeband
- weiße Wandfarbe
- Stifte
- Gouachefarben
- Pinsel

**Valerio, 7 Jahre**

KAPITEL 8 · ALLES PAPPE ODER WAS?

# Fröhliche Pappkameraden

Aus flacher Pappe kannst du richtig gute Skulpturen basteln. Schneide einfach Kopf, Körper, Arme und Beine aus Pappe aus und füge die Einzelteile durch Kleben oder mithilfe von Steckverbindungen zusammen. Findest du heraus, wie die niedlichen Eulen auf Seite 145 gemacht sind?

## DAS MACHST DU

**1** Zeichne mit dem Bleistift lustige Körper- und Kopfformen auf den Karton. Schneide sie aus.

**2** Finde verschiedene Möglichkeiten, um die Formen zu verbinden. Falte sie und klebe sie aneinander oder schneide sie ein und stecke sie zusammen.

**3** Nimm doppelseitiges Klebeband zu Hilfe, um die Teile zu befestigen. Finde eine Lösung für die Standfläche.

**4** Wenn Formen nicht passen, schneide einfach neue aus. Probiere so lange, bis sich alles zusammenfügt.

## DAS SCHAFFST DU SCHON

Benutze den Cutter nur unter der Aufsicht eines Erwachsenen. Schneide niemals in die Richtung deines Körpers oder deiner Finger.

 Mit Kreppklebeband hast du viele Teile schnell am Körper angebracht.

 Schneide zuletzt Arme, Ohren, Haare und eine Kopfbedeckung aus. Klebe oder stecke sie an.

 Grundiere deine **Skulptur** mit weißer Wandfarbe. Lass sie trocknen.

 Johanna hat ihrer **Skulptur** schwarze Kulleraugen aufgemalt und Füße aus schwarzem Karton angeklebt.

 Male sie bunt an. Die Augen zeichnest du am besten mit Stiften auf.

 Grün, grün, grün sind alle meine Kleider …

**GESCHAFFT!**

**11** Zum Anbeißen! Johanna kann sich nicht zurückhalten.

**12** Die niedlichen Eulen sind mit einfachen Steckverbindungen schnell gemacht.

Aus Klopapier, Kleister, Kreide oder Sägespänen

wird eine Papiermachépampe – der Pulp –,

mit dem du prima modellieren kannst. Bist du stark?

Denn bevor es losgeht,

heißt es erst einmal kräftig kneten.

# HERRLICHE PULP-PAMPE

**Kapitel**

## Das Material

- feiner Pulp (Rezept siehe Seiten 184–187)
- Brettchen als Unterlage
- Kreide
- Holzstäbchen
- Handbohrer
- 100er-Schleifpapier
- Gouachefarben
- Klarlack
- Pinsel
- eventuell Föhn
- Broschennadeln, Magnete oder Bänder für Ketten und Anhänger
- Heißklebepistole

Şirin, 10 Jahre

KAPITEL 9 · HERRLICHE PULP-PAMPE

# Edle Schmuckstücke

Aus Pulp entstehen wundervolle Perlenketten, Broschen und Anhänger.

Oder du klebst Magneten auf die Rückseite der Pulp-Modelle

und stellst Kühlschrankmagnete her.

Wenn du die Schmuckstücke mit Gold- und Silberfarbe anmalst,

ist das nicht teuer, sieht aber genauso

schön aus wie echter Gold- oder Silberschmuck.

## DAS MACHST DU

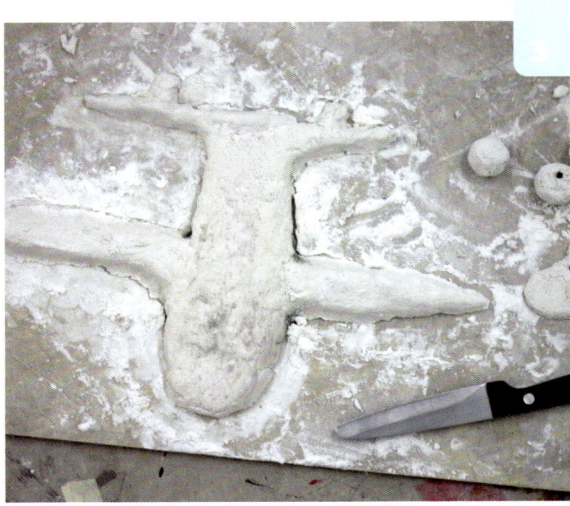

**1** Bestäube das Brettchen, auf dem du arbeitest, mit Kreide, dann bleibt der Pulp nicht daran kleben. Modelliere Perlen, Broschen, Kettenanhänger oder Kühlschrankmagnete.

**2** Mit einem Holzstäbchen stichst du Löcher in die Perlen und Anhänger, damit du sie später auffädeln kannst. Ziehe das Stäbchen wieder heraus.

**3** Größere Teile legst du zum Trocknen auf Brettchen. An der Luft dauert das Trocknen zwei bis vier Tage, auf der Heizung eine Nacht. Zwischendurch umdrehen.

**4** Schau nach dem Trocknen, ob alle Löcher frei sind. Falls nötig, nachbohren.

**ACH SO IST DAS**

Pulp schrumpft beim Trocken. Knetest du viel Füllstoff, wie Kreide, unter, schrumpft er deutlich weniger. Wird die Masse beim **Modellieren** zu trocken, befeuchtest du sie, indem du Kleister über dein Schmuckstück streichst.

 Unebene Stellen schleifst du mit Schleifpapier glatt.

 Male die Schmuckstücke schön an. Stecke die Perlen dazu auf Holzstäbchen.

 Damit die Schmuckstücke nicht abfärben, überziehst du sie nach dem Trocknen mit Klarlack. Nicht kleckern, Lack lässt sich nicht auswaschen!

 Jetzt muss der Lack trocknen. Mit einem Föhn geht das ganz schnell.

 Zum Schluss eine Broschennadel oder einen Magneten unter Aufsicht eines Erwachsenen mit Heißkleber ankleben. Perlen auffädeln, Bänder durch Anhänger ziehen.

EDLE SCHMUCKSTÜCKE

153

**10** Selbst gemachte Schmuckstücke bringen nicht nur Kinder zum Strahlen. Deine Oma freut sich bestimmt auch darüber.

## Das Material

- Zeitungspapier
- Kreppklebeband
- Papprolle, ca. 25 cm lang
- eventuell Stein
- eventuell Säge
- mittelgrober Pulp (Rezept siehe Seiten 188–191 und Video)
- stumpfes Messer
- Tapetenkleister
- grobes Schleifpapier
- 2 Gipsbinden
- Schere
- Gouachefarben
- Borstenpinsel
- Haarpinsel
- schwarzer Filzstift

**Ranin, 10 Jahre**

**KAPITEL 9 · HERRLICHE PULP-PAMPE**

# Wer bin ich?

Wie siehst du in 20 Jahren aus?

Bist du dann eine coole Wissenschaftlerin oder ein

schriller Popstar? Früher haben wichtige

Persönlichkeiten ein Porträt

aus Gips oder Marmor von sich anfertigen lassen.

Mit Pulp geht das viel schneller.

## DAS MACHST DU

1 2
3 4

 Zerknülle Zeitungspapier. Forme daraus eine Eiform für den Kopf, zwei Papierknäuel für die Schultern und zwei Würste für die Arme.

 Klebe die Formen mit Kreppklebeband an die Papprolle. Umwickle alles fest mit Klebeband. Kümmere dich noch nicht um kleine Teile wie Ohren und Nase, die modellierst du später an.

 Mach die Formen nicht zu dick, weil du anschließend noch Pulp aufträgst.

 Probiere aus, ob dein Gerüst gut steht. Wenn nicht, arbeite unten einen Stein ein.

## ACH SO IST DAS

Ein **Porträt** ist ein Bild, eine Fotografie oder eine **Plastik** von dem Gesicht einer bestimmten Person. Zeigt eine **Plastik** das Gesicht und die Brust, wird sie auch **Büste** genannt.

 Es kann sein, dass du dazu die Papprolle ein Stückchen absägen musst.

 Auf das fertige Gerüst trägst du von unten nach oben eine Schicht Pulp auf. Stütze die Arme mit Papierknäueln ab. Einige Tage trocknen lassen. Zwischendurch umdrehen.

**7** Mit einer zweiten Pulp-Schicht modellierst du die Körperformen und kleinen Körperteile schön aus. Nimm ein stumpfes Messer zu Hilfe.

**8** Streiche mit den Fingern etwas Kleister auf, damit sich die Pulp-Schichten gut verbinden. Wieder trocknen lassen.

**9** Störende Unebenheiten mit Schleifpapier abschleifen. Schneide die Gipsbinden in Stücke und tauche sie in Wasser.

**10** Modelliere daraus eine schicke Frisur. Trocknen lassen.

**11** Die **Büste** am besten einmal mit weißer Farbe grundieren, damit die Farben später schön leuchten. Die Kinder im Kurs wollten nicht so lange warten und haben gleich mit der farbigen Bemalung losgelegt.

**12** Die Augen malst du mit einem feinen Haarpinsel an, die Pupillen zeichnest du mit einem Filzstift ein.

**13** Schmücke „dich" zum Schluss mit einem schönen Haarband, einer Kette, Ohrringen …

**GESCHAFFT!**

## Das Material

- mit Plastik ummantelter Zaundraht, ca. 30 cm lang
- Kreppklebeband
- Plastikflasche mit flachem Boden
- Cutter
- Vaseline
- Gips
- Spachtel
- Gipsbecher
- Zeichenpapier
- Stift
- Blumendraht
- Zange
- Zeitungspapier
- grober Pulp (Rezept siehe Seiten 188–191 und Video)
- Tapetenkleister
- Schleifpapier
- Gouachefarben
- Borstenpinsel
- Haarpinsel
- schwarzer Filzstift
- Nagel
- Borsten
- Klebstoff

**Ranin, 9 Jahre**

**KAPITEL 9 · HERRLICHE PULP-PAMPE**

# Kinderleichte Tierplastiken

Du hättest gerne ein eigenes Tier? Modelliere dir eins!

Modellieren bedeutet, aus einer Masse

eine Plastik zu formen. Aber was ist eine Plastik?

Ganz einfach: Eine Plastik ist ein

dreidimensionales Kunstwerk. Die Herstellung

nennt man auch plastisches Gestalten.

## DAS MACHST DU

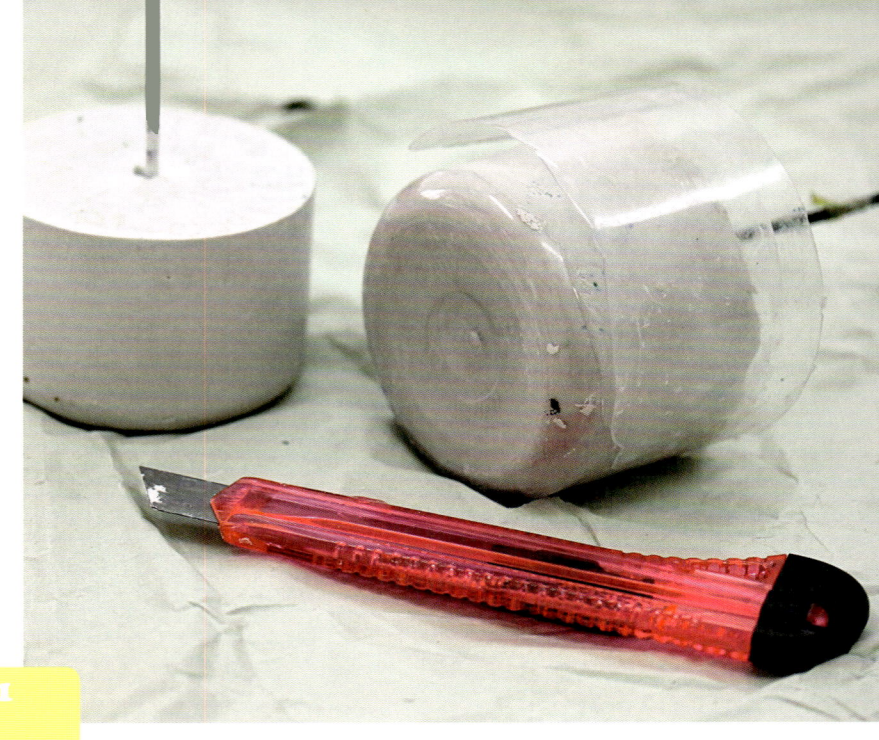
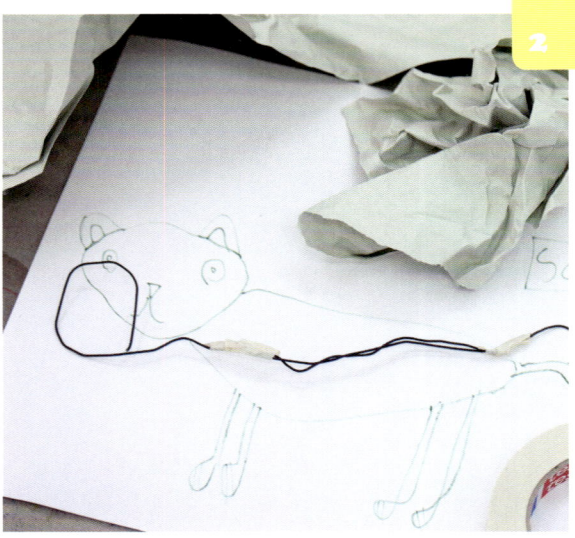
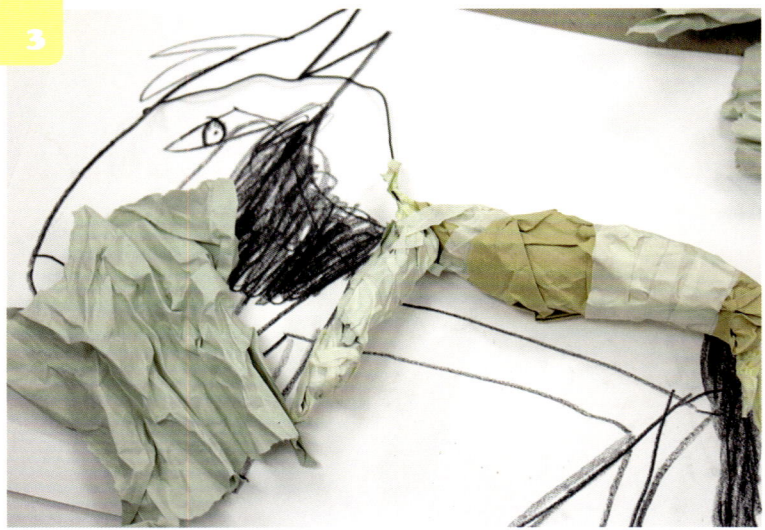

**1** Ein Ende des 30 cm langen Drahtstücks mit Kreppklebeband umwickeln und zur Schlaufe biegen. Unteres Drittel der Plastikflasche abschneiden, mit Vaseline einreiben. Gips anrühren und das Plastik damit ausgießen. Den Draht mit der Schlaufe nach unten hineinstecken. So lange festhalten, bis der Gips beginnt, hart zu werden. Ist er ganz hart, das Plastik aufschneiden und abziehen. Sockel trocknen lassen.

**2** Zeichne ein Tier. Lege direkt auf der Zeichnung das Knochengerüst mit Blumendrahtstückchen nach. Mit Kreppklebeband zusammenkleben.

**3** Als Nächstes zerreißt du Zeitungspapier, zerknüllst es und formst daraus den Körper. Mit Kreppklebeband fest umkleben.

### ACH SO IST DAS

Du kannst fühlen, wie sich der Gips erwärmt, sobald er fest wird. Das kommt von der chemischen Reaktion, die einsetzt, wenn Gips mit Wasser in Berührung kommt.

 Mach die Formen nicht zu dick, weil du anschließend noch Pulp aufträgst. Kleine Teile modellierst du später an.

 Den fertigen Körper klebst du mit Kreppklebeband an den Draht im Sockel und biegst ihn so, dass dein Tier eine schöne Haltung bekommt.

 Jetzt trägst du von unten nach oben eine Schicht Pulp auf. Modelliere damit den Körper schön aus.

 Wenn die Masse zu fest wird oder nicht gut kleben bleibt, streichst du mit den Fingern etwas Kleister darüber.

 Stütze den Körper ab, bis er durchgetrocknet ist. Das kann einige Tage dauern.

 Störende Unebenheiten mit Schleifpapier abschleifen. Grundiere deine **Plastik** weiß. Trocknen lassen und farbig anmalen.

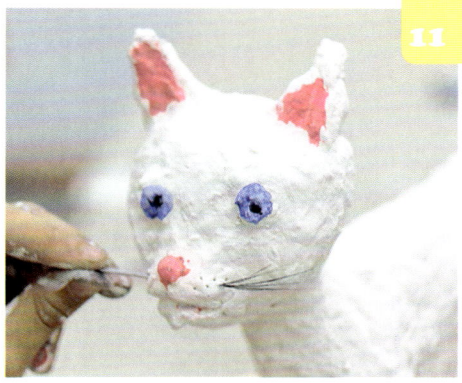

**10** Für die Katze war der Sockel zu klein, um das Gewicht zu tragen: Sie fiel nach dem Trocknen um, bekam einen zweiten Sockel und wurde so zur Zirkuskatze.

**11** Mit einem Haarpinsel die Augen aufmalen. Die Pupille zeichnest du mit einem Filzstift ein. Mit einem Nagel Löcher einstechen und Borsten als Schnurrhaare einkleben.

### GESCHAFFT!

**12** Das Pony hat den ersten Platz belegt und eine Medaille gewonnen.

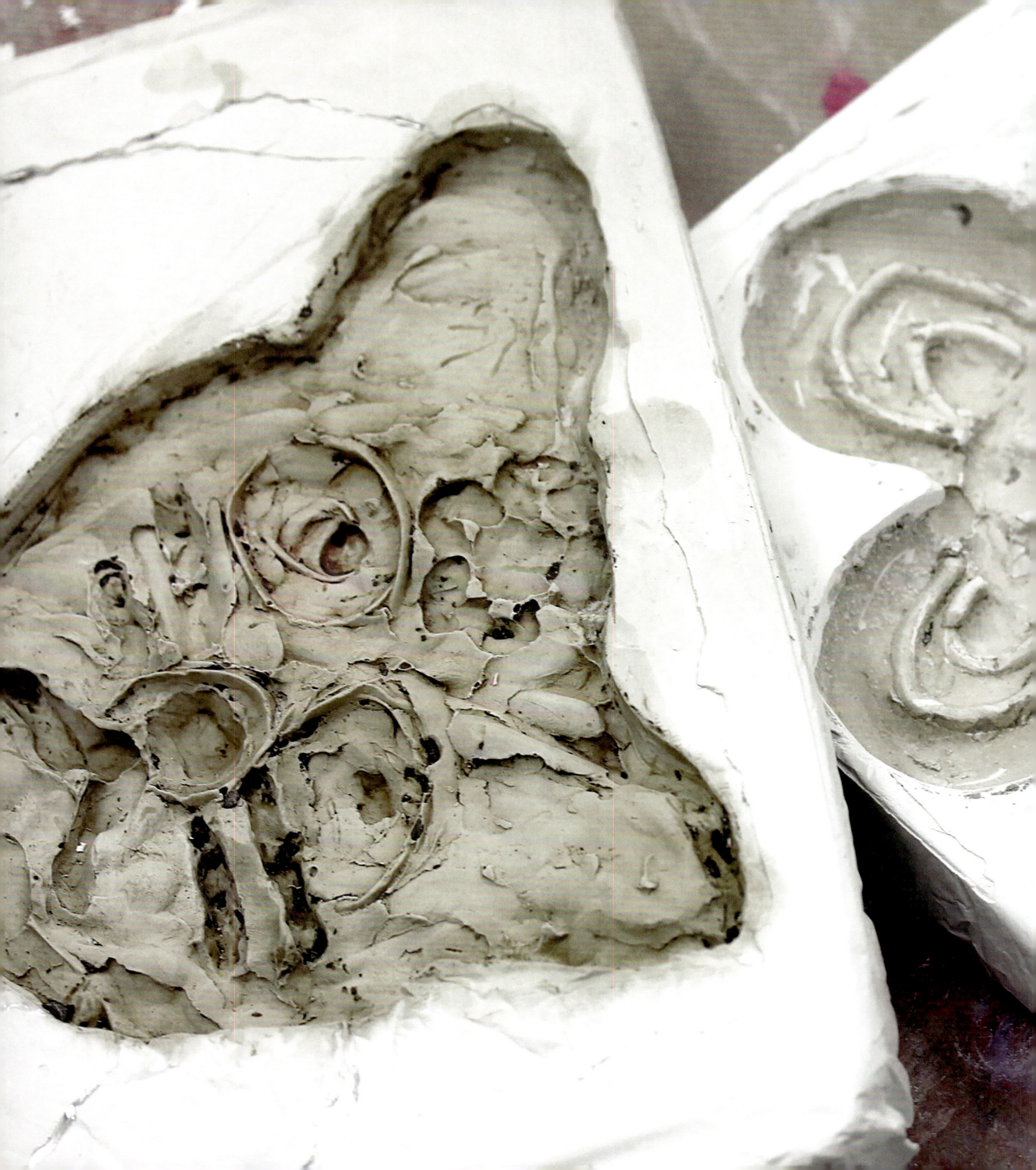

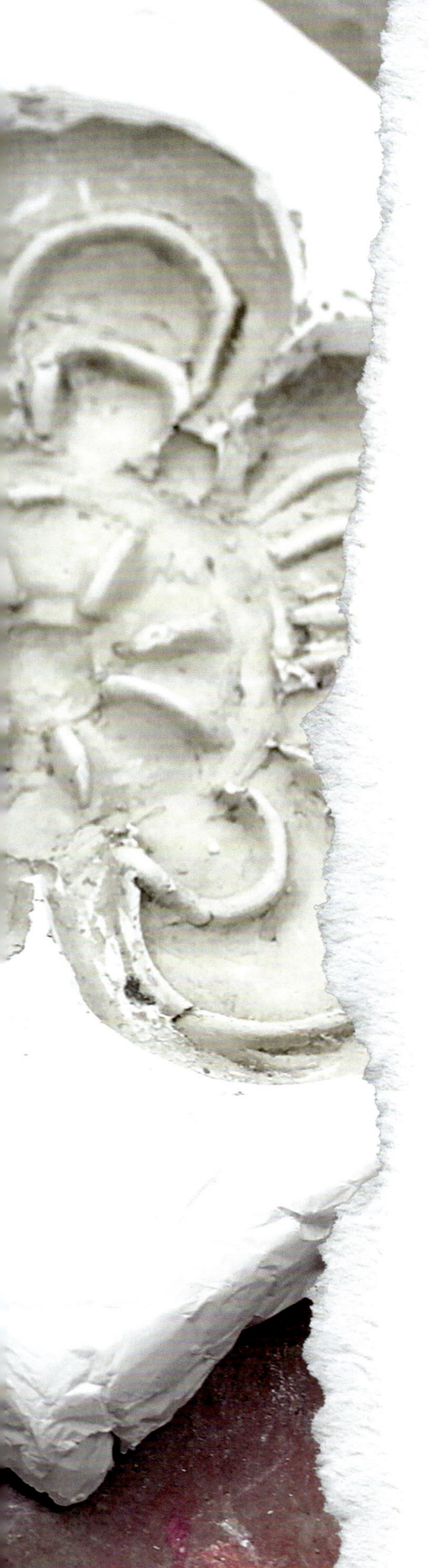

Mit Pulp kannst du nicht nur frei modellieren,
sondern auch Dinge abformen.
Er lässt sich ganz leicht in Formen aus
Gips, Plastik oder Gummi drücken.
Anschließend kannst du das Pulp-Teil herauslösen
und deine Form sofort wieder verwenden.
So stellst du schnell eine Menge gleicher Teile her.

# IN FORM GEDRÜCKT

Kapitel

## Das Material

- Pappstück, 20 cm x 30 cm
- 2 Pappstreifen, 20 cm x 5 cm
- 2 Pappstreifen, 30 cm x 5 cm
- Kreppklebeband
- Alufolie
- Filzschreiber
- Modellierton
- Modellierspachtel
- Modellgips
- Gipsbecher
- Spachtel
- stumpfes und spitzes Messer
- Speiseöl
- mittelgrober Pulp (Rezept siehe Seiten 188–191 und Video)
- Gouachefarben
- Pinsel

**Bronwen, 10 Jahre**

# KAPITEL 10 · IN FORM GEDRÜCKT

IDEE 28

# Pulp-Kunst für alle

Schenke all deinen Freunden ein tolles Kunstwerk von dir.

Mit einer selbst gemachten Gipsform und Pulp hast du es ruck, zuck fertig.

Mal sehen, ob du dich am Ende davon trennen kannst.

Die Kinder in meinem Kurs wollten ihre Kunstwerke nicht mehr hergeben.

Für kleinere Kinder sind Keksausstecher
oder Sandförmchen als Formen gut geeignet.

## DAS MACHST DU

**1** Klebe zuerst die Pappstreifen mit Kreppklebeband zu einem Rahmen zusammen. Großes Pappstück auflegen und festkleben.

**2** Lege den Rahmen mit Alufolie aus. Die Folie soll alles dicht abschließen, damit später kein Gips ausläuft.

**3** Zeichne eine schöne Form auf ein Stück Alufolie, das etwas kleiner als der Rahmen ist. Mit Ton nachformen.

**4** Lege die Form mit der Alufolie in den Rahmen. Die höchste Stelle sollte 2 cm unter dem Rand des Papprahmens liegen.

### ACH SO IST DAS

Aus einer starren Form, zum Beispiel einer Gipsform, löst du dein Pulp-Teil am besten im angetrockneten Zustand heraus und lässt es an der Luft trocknen. In biegsamen Formen, wie einem Gummigipsbecher, lässt du es in der Form trocknen, ohne dass du Probleme beim Herauslösen hast.

 Rühre den Gips mit Wasser nach Packungsanleitung an.

 Gieße so viele Becher Gips in die Form, bis der Ton ca. 2 cm bedeckt ist. Warte, bis der Gips hart ist.

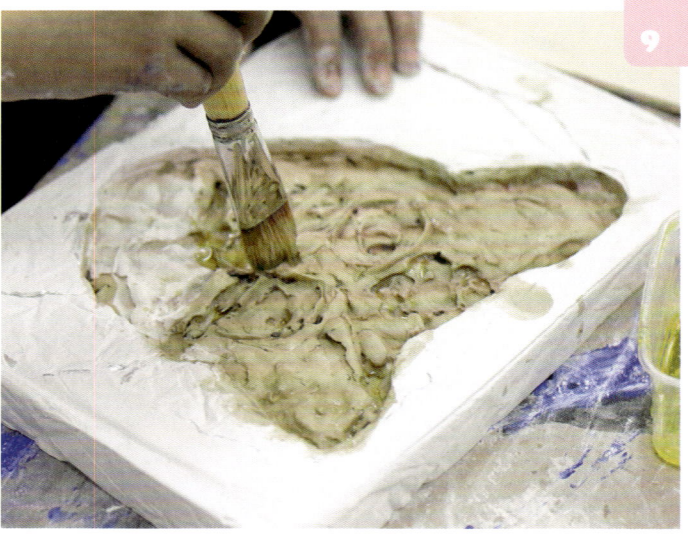

**7** Reiße den Rahmen herunter. Ziehe die Alufolie ab. Hole den Ton mithilfe eines stumpfen Messers heraus. Kleine Tonreste spülst du unter dem Wasserhahn ab.

**8** So sieht die ausgewaschene und getrocknete Form aus.

**9** Pinsele sie zweimal sorgfältig mit Öl aus, damit sich der Pulp später gut herauslösen lässt.

**10** Jetzt drückst du die Form kräftig mit Pulp aus. Achte darauf, dass keine Luftblasen entstehen. Lass den Pulp in der Form kurz antrocknen.

PULP-KUNST FÜR ALLE

**11** Löse das Pulp-Objekt vorsichtig mit einem spitzen Messer heraus. In die Rückseite stichst du ein Aufhängeloch. Einige Tage trocknen lassen. Zwischendurch umdrehen.

**12** Mit weißer Farbe grundieren und schön anmalen.

**GESCHAFFT!**

**13** Das Pulp-Kunstwerk aufhängen und für alle deine Lieben noch eins machen.

## Das Material

- ausgewaschene Joghurtbecher
- mittelgrober Pulp (Rezept siehe Seiten 188–191 und Video)
- Modellierspachtel oder stumpfes Messer
- Tapetenkleister
- 100er-Schleifpapier
- weiße Wandfarbe
- Gouachefarben
- Pinsel
- Klarlack
- eventuell Föhn

**Ranin, 10 Jahre**

## KAPITEL 10 · IN FORM GEDRÜCKT

# Eine Vase für dich

Vorgefundene Formen wie Flaschen, Bälle und Becher lassen sich einfach mit Pulp verkleiden. Im Bauch dieser schönen Vase steckt ein Joghurtbecher. Deshalb ist sie wasserdicht, sodass du Blumen einpflanzen oder Wasser einfüllen und Schnittblumen hineinstellen kannst. Die Vase kann aber auch zum Stiftehalter oder Zahnputzbecher umfunktioniert werden. Worauf hast du Lust?

## DAS MACHST DU

**1** Drücke rund um den Joghurtbecher eine Schicht Pulp an. Bedecke den Innenrand ca. 2 bis 3 cm tief.

**2** Streiche die Vase mit einem Modellierspachtel schön glatt. Rolle drei Kugeln für die Vasenfüße.

**3** Modelliere am Boden eine Wölbung an. Drücke die Kugeln mit etwas Kleister fest an. Teste, ob deine Vase gerade steht. Drücke sie zurecht.

**4** Diese Vase bekommt ein Katzengesicht. Anschließend trocknen lassen. Das dauert zwei bis drei Tage. Auf der Heizung geht das über Nacht.

### ACH SO IST DAS
Pulp ist nicht wasserfest. Am besten lackierst du deine Vase oder den Stiftebecher. Dann kannst du auch die Außenseite feucht abwischen.

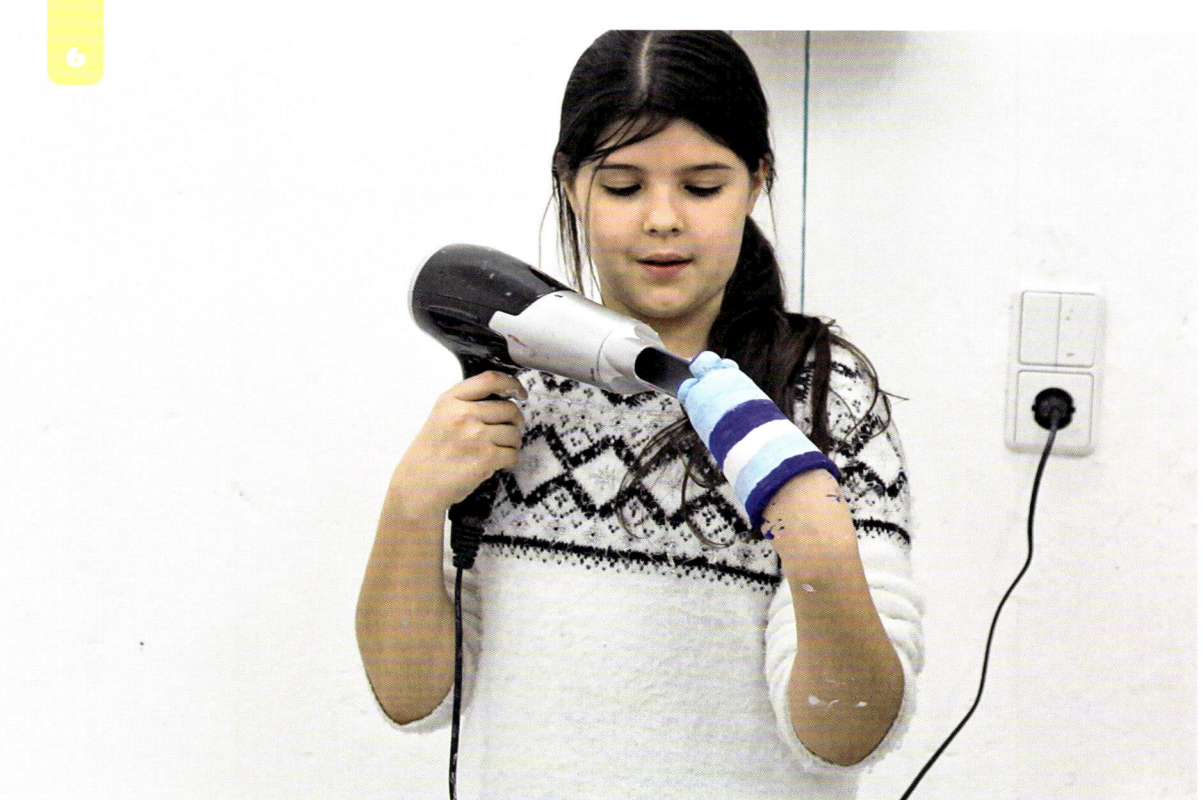

 Nach dem Trocknen schleifst du störende Unebenheiten mit Schleifpapier weg. Einmal weiß anmalen. Trocknen lassen. Bunt anmalen und wieder trocknen lassen.

 Zum Schluss mit Klarlack überziehen. Trocknen lassen, mit dem Föhn geht das ganz schnell. Stelle frische Blumen hinein.

**GESCHAFFT!**

## Das Material

- Brettchen als Unterlage
- Gipsbecher aus Gummi
- Vaseline
- etwas Sägemehl
- farbiger Pulp
  (Rezept siehe Seiten 192–195)
- Modellierspachtel
- spitzes Messer
- Klarlack
- Pinsel
- Handbohrer
- Lampenkabel und Fassung

Şirin, 10 Jahre

# KAPITEL 10 · IN FORM GEDRÜCKT

IDEE 30

# Die kleine Pulp-Fabrik

Der hübsche kleine Lampenschirm wurde über einem Gipsbecher

aus Gummi mit farbigem Pulp abgeformt.

Mit dieser Technik kannst du, wie in einer richtigen Fabrik,

massenweise gleiche Teile herstellen.

Schau, was du sonst noch so zum Abformen findest!

## DAS MACHST DU

**1** Reibe den Gipsbecher von außen dünn mit Vaseline ein. Damit der Pulp nicht daran kleben bleibt, bestäubst du ihn noch mit Sägemehl. Drücke den farbigen Pulp – hier aus grünen Eierkartons – rundherum gleichmäßig an.

**2** Mit dem Modellierspachtel streichst du alles schön glatt. Ritze anschließend ein Muster hinein. Ein bis zwei Tage trocknen lassen.

**3** Dieser Gipsbecher wurde mit Pulp aus weißem Klopapier abgeformt.

### ACH SO IST DAS

Durch Abformen mit Pulp kannst du massenweise gleiche Teile herstellen. Bei Pulp aus farbigem Papier sparst du dir sogar das Anmalen. Hier haben wir grüne Eierkartons verarbeitet. Genial, oder?

**GESCHAFFT!**

**4** Den getrockneten Lampenschirm löst du mithilfe eines spitzen Messers oder Modellierspachtels vorsichtig vom Gipsbecher ab. Damit der Pulp nicht vergilbt, streichst du den Lampenschirm mit Klarlack.

**5** Bitte Papa oder Mama, ein Loch für das Kabel in den Lampenschirm zu bohren. Ein Lampenkabel und eine Fassung aus einer alten Lampe einbauen. Hängt die Lampe gemeinsam an einen schönen Platz.

Pulp ist ein Verwandlungskünstler.
Für verschiedene Pulp-Projekte
brauchst du mal eine besonders feine,
mal eine eher grobe Masse.
Hier erfährst du die Geheimnisse der Profis.

# PULP HERSTELLEN

## Das Material

- Rolle weißes, 3-lagiges Klopapier
- Tapetenkleister mit der Konsistenz von Pudding
- Eimer oder Schüssel zum Kneten
- einige Tropfen Speiseöl
- Rügener Kreide aus dem Künstlerbedarf, ca. 250 g

Genaue Maßangaben sind nicht möglich, sie hängen von der Beschaffenheit der Ausgangsmaterialien ab.

**PULP HERSTELLEN**

## Feiner Pulp

Für feine Arbeiten ist dieser Pulp besonders gut geeignet.

Wegen seines hohen Kreideanteils

schrumpft er beim Trocknen fast gar nicht. Da er relativ schwer ist,

verwendest du ihn am besten für kleine Teile

wie Schmuckstücke und Kühlschrankmagnete (siehe IDEE 25).

## DAS MACHST DU

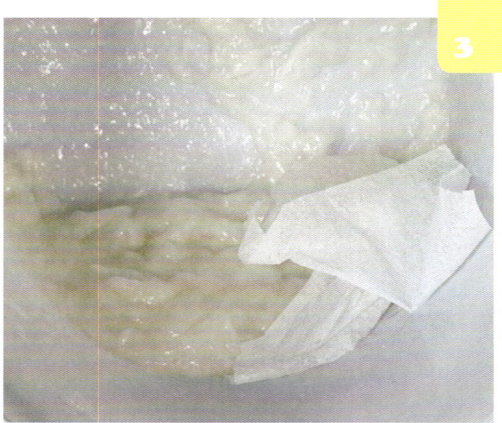

**1** Klopapier abrollen und in einzelne Lagen trennen. Die Lagen weiter in einzelne Blättchen reißen.

**2** Eine Handbreit Kleister in eine Schüssel gießen. Ab jetzt am besten zu zweit arbeiten: Das erste Kind wirft einzelne Papierblättchen in den Eimer, das zweite knetet sie unter.

**3** Die Blättchen nicht auf einmal hineinwerfen, sonst gibt es Klumpen.

**4** Macht das so lange, bis ihr eine Masse habt, die wie dicker Haferflockenbrei aussieht.

### ACH SO IST DAS

Pulp schrumpft beim Trocknen zusammen. Mit Kreide als Füllstoff schrumpft er jedoch fast gar nicht. Wird die Masse beim Arbeiten zu trocken, streichst du mit den Fingern Tapetenkleister darüber.

 Kreide und ein paar Tropfen Speiseöl hinzugeben. So viel Kreide unterkneten, bis sich die Masse wie Pizzateig anfühlt. Klebt sie an den Fingern, Kreide dazugeben. Zerbröselt sie, löffelweise Kleister hinzugeben.

 So sieht der fertige feine Pulp mit Kreide als Füllstoff aus.

## Das Material

- Rolle 3-lagiges Klopapier
- Tapetenkleister mit der Konsistenz von Pudding
- Eimer oder Schüssel zum Kneten
- Sägespäne und/oder Sägemehl, am besten vom Tischler

Genaue Maßangaben sind nicht möglich, sie hängen von der Beschaffenheit der Ausgangsmaterialien ab.

## PULP HERSTELLEN

# Mittelgrober und grober Pulp

Größere Arbeiten, für die du viel Modelliermasse benötigst, stellst du aus diesen Pulp-Sorten her. Sie enthalten Sägemehl (mittelgrober Pulp) oder Sägespäne (grober Pulp). Mittelgrober und grober Pulp sind leichter und trocknen schneller als der feine Pulp. Für die Porträtbüsten (IDEE 26) und Tierplastiken (IDEE 27) ist ein solcher Pulp das Richtige. Er ist aber auch zum Abformen geeignet.

## DAS MACHST DU

**1** Am besten zu zweit arbeiten: Klopapierbrei herstellen, wie in den Schritten 1 bis 4 bei der feinen Pulp-Masse auf Seite 186 beschrieben.

**2** Sägespäne bereitlegen. Ihr könnt auch Sägemehl und Sägespäne für eine mittelgrobe Masse mischen.

**3** Knetet so viel Sägespäne unter, bis sich die Masse gut **modellieren** lässt. Klebt sie an den Fingern, mischt ihr noch mehr Sägespäne unter, zerbröselt sie, gebt ihr noch ein wenig Kleister hinzu.

## MITTELGROBER UND GROBER PULP

### ACH SO IST DAS

Je gröber die Sägespäne, desto gröber auch der Pulp. Für die Tiere (IDEE 27) haben wir Sägespäne und Sägemehl zu gleichen Teilen beigemischt. Eine zottelige Fellstruktur erhaltet ihr, wenn ihr nur Sägespäne hinzugebt. Für die **Porträts** (IDEE 26) sollte die Masse feiner sein, daher enthält sie nur Sägemehl.

 Hier werden eingefettete Förmchen in Sägespäne getaucht, damit sich die Form später leicht vom getrockneten Pulp ablösen lässt.

 Ich bestehe aus mittelgrobem Pulp mit Sägemehl als Füllstoff.

## Das Material

- farbige Eierkartons, Obstpappen, Fotokartons oder Servietten
- Tapetenkleister mit der Konsistenz von Pudding
- Eimer oder Schüssel zum Kneten
- Mixer oder Pürierstab und hohes Gefäß
- grobmaschiges Tuch
- Sägemehl, am besten vom Tischler

Genaue Maßangaben sind nicht möglich, sie hängen von der Beschaffenheit der Ausgangsmaterialien ab.

PULP HERSTELLEN

# Farbiger Pulp

193

Aus farbigen Eierkartons, Obstpappen und Papieren
stellst du ganz schnell farbigen Pulp her.
Die hübschen Lampenschirme (IDEE 30) sind daraus gemacht.
So sparst du dir das Anmalen. Genial, oder?
Damit der farbige Pulp mit der Zeit nicht verblasst,
überziehst du ihn zum Schluss mit Klarlack.

## DAS MACHST DU

**1** Reiße farbige Verpackungen, Papier oder Servietten in kleine Fetzen.

**2** Fülle sie im Verhältnis ein Teil Papier zu zwei Teilen Wasser in den Mixer und mixe sie zu feinem Brei. Du kannst auch ein hohes Gefäß und einen Pürierstab benutzen.

**3** Lege ein grobmaschiges Tuch in das Waschbecken. Gieße die Masse hinein. Fasse das Tuch an den vier Enden zusammen und presse das Wasser heraus.

## ACH SO IST DAS

Pulp vergilbt, wenn er dem Licht ausgesetzt ist. Überziehe die Oberfläche mit Klarlack, dann ist sie geschützt und du kannst sie sogar feucht abwischen.

**4** Den entstandenen Klumpen zerbröselst du in kleine Stückchen. Gib ein bis zwei Hände Sägemehl sowie eine Handvoll Tapetenkleister dazu.

**5** Kräftig kneten. Die Masse soll sich wie Hefeteig anfühlen. Ist sie zu trocken, gib noch etwas Kleister hinzu. Ist sie zu klebrig, knete Sägespäne oder Papierkrümel unter.

**6** Diese Pulp-Masse eignet sich prima zum Abformen. Wir haben daraus die Lampe (IDEE 30) gemacht.

WAS ES SONST NOCH GIBT

198 KOPIERVORLAGEN

IDEE 9

IDEE 11

KOPIERVORLAGEN

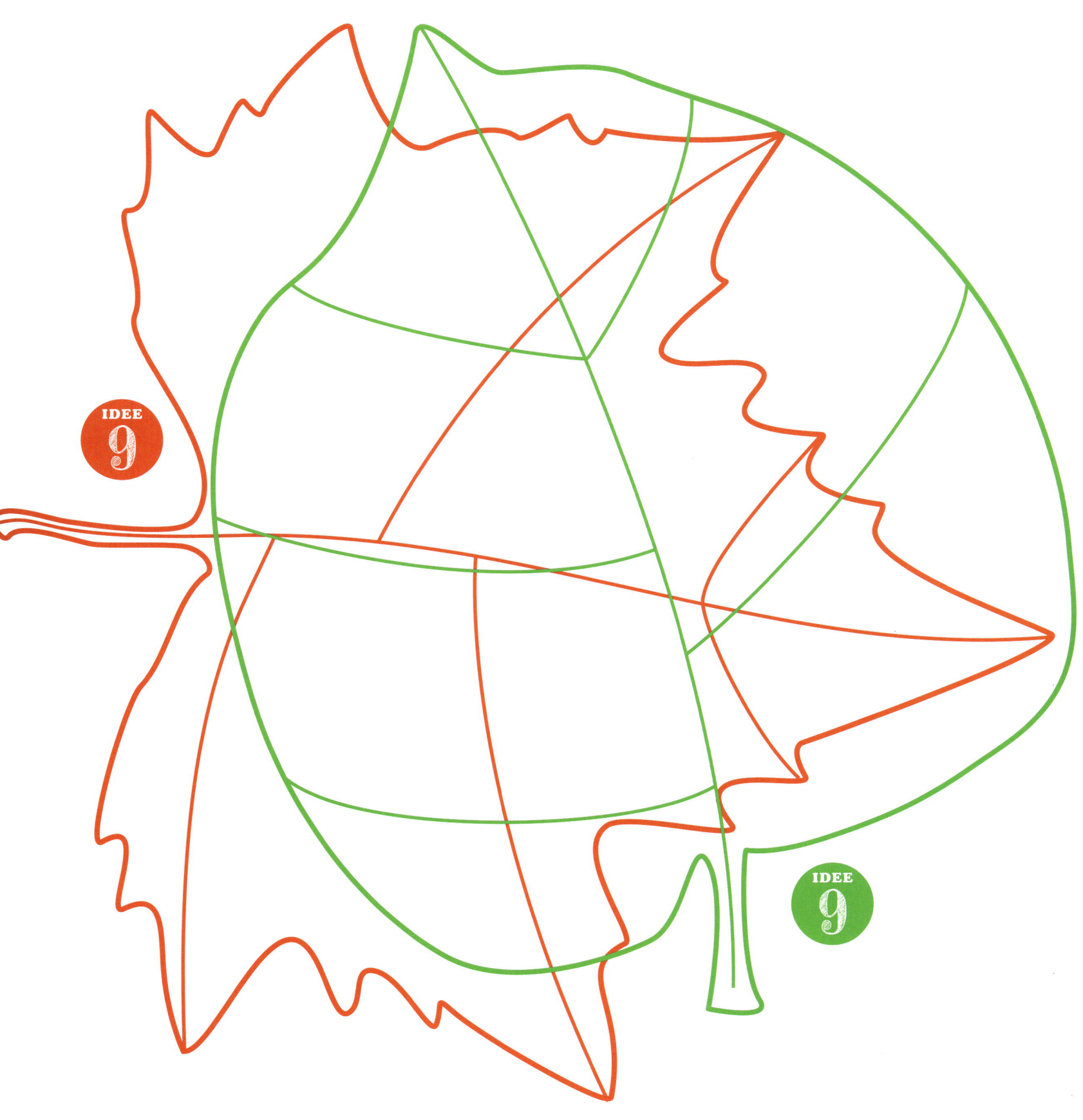

# WAS IST DAS?

**Balance** bedeutet so viel wie Gleichgewicht. Wenn zwei Kräfte gleich stark sind, halten sie sich im Gleichgewicht und sind damit in der Balance. Auf dem Schwebebalken trainierst du deine körperliche Balance. Für bewegliche Arbeiten, wie den Papierläufer oder das Haifischmobile, ist die richtige Balance wichtig, damit sie gerade hängen. Eine **Büste** ist ein Porträt in Form einer Plastik oder Skulptur. Sie zeigt Kopf, Hals, Schultern und Brustansatz. Meistens hat sie keine Arme. **Collage** kommt aus dem Französischen. Coller heißt übersetzt kleben. Du kannst eine Collage auch einfach Klebebild nennen, weil du verschiedene Fundmaterialien auf die Bildfläche klebst: Papier, Karton, Fahrscheine, Stoff, Fotos und was du sonst noch so findest. **Diagonal** bedeutet schräg verlaufend. Verbindest du die beiden nicht benachbarten Ecken eines Vierecks durch eine gerade Linie, erhältst du eine Diagonale. In jedem Viereck gibt es zwei Diagonalen. **Dramatisch** geht es zu, wenn ordentlich was los ist. Der Begriff Drama meint ursprünglich ein Theaterstück mit gesprochenen Texten. Meistens gibt es darin ein unheilvolles Ende, bei dem große Gefühle im Spiel sind. Du machst ein Drama aus etwas, indem du es mächtig übertreibst. In einem Bild wirken starke Helldunkelkontraste dramatisch. **Dreidimensional** beschreibt einen Gegenstand, der drei Ausdehnungen hat: in die Breite, die Höhe und die Tiefe. Du kannst darum herumgehen. Dreidimensionale Grundformen sind zum Beispiel der Würfel und die Kugel. Inzwischen gibt es schon 3-D-Drucker. Mithilfe eines Computerprogramms kannst du ein Foto von dir als Figur in verschiedenen Materialien dreidimensional ausdrucken lassen. **Gegensatz** bezeichnet eine größtmögliche Verschiedenheit von Personen, Dingen etc. Gegensätze (schwarz/weiß, Tag/Nacht, Frau/Mann, groß/klein, Alltag/Festtag …) machen das Leben spannend und ein Kunstwerk interessant. **Hintergrund**, Vordergrund und Mittelgrund sind Bereiche, in die ein Kunstwerk aufgeteilt ist. Vorne ist der Vordergrund, hinten der Hintergrund und in der Mitte der Mittelgrund, in dem häufig am meisten passiert. So entsteht Räumlichkeit. Logisch, oder? **Komposition** stammt aus dem Lateinischen und bedeutet Zusammensetzung oder Zusammenstellung. Du fügst mehrere Einzelteile so zu einem Kunstwerk zusammen, dass das Ganze schön aussieht oder klingt. Der Begriff wird nicht nur in der bildenden Kunst, sondern auch in der Musik verwendet. Hier fügt ein Komponist einzelne Noten so zu einem Musikstück zusammen, dass sie eine schöne Melodie ergeben, wenn sie auf einem Instrument gespielt oder gesungen werden. **Kreativ** bist du, wenn du eigenständig nach Lösungen suchst und neue Sichtweisen entwickelst. Das bezieht sich auf dein ganzes Tun. Du kannst sogar in der Mathematik kreativ sein. Kunst zu machen, fördert deine Kreativität. **Markieren** bedeutet, etwas durch ein Zeichen kenntlich zu machen. Das kann durch einen Bleistiftstrich geschehen, mit

## WAS IST DAS?

dem du die Länge eines Papierstreifens markierst, oder auch durch eine Boje, die einen Ankerplatz für ein Boot markiert. **Mobile** nennt man ein ausbalanciertes, leichtes Gebilde, das meistens frei von der Decke hängt. Pustest du es an, kommt es in Bewegung. Der amerikanische Künstler Alexander Calder hat 1934 die ersten Mobiles geschaffen. Inzwischen hängt in fast jedem Kinderzimmer eins. **Modellieren** bedeutet, aus einem weichen, formbaren Material einen Gegenstand herzustellen. Mit Pulp modellierst du zum Beispiel herrliche Tierplastiken. Das **Motiv** ist der Gegenstand/das Thema eines Kunstwerks, also das, was abgebildet ist. Das Motiv – vielleicht eine Blume, eine Person oder eine Stadt – hat den Künstler aus irgendeinem Grunde angesprochen und ihn dazu bewogen, ein Kunstwerk zu schaffen. Es gibt auch unsichtbare Motive, zum Beispiel ein Gefühl. Wie würdest du das malen? Eine **Plastik** ist ein dreidimensionales Kunstwerk, das aus einer formbaren Masse aufgebaut wurde. Sie herzustellen, wird plastisches Gestalten genannt. Das hast du schon im Sandkasten gemacht. Ein **Porträt** ist ein Bild, ein Foto oder eine Plastik einer bestimmten Person. In der Regel sind das Gesicht und ein Teil des Oberkörpers abgebildet. Das **Quadrat** ist eine geometrische Grundform. Es ist ein Viereck mit vier gleich langen Seiten und vier rechten Winkeln. Du kannst es auch Karo nennen. **Schwerpunkt** oder auch Massenmittelpunkt ist ein Begriff aus der Physik. Er bezeichnet den Punkt in einem Körper, der für die Standfestigkeit wichtig ist. Bei regelmäßig aus einer Masse geformten Körpern liegt er genau in der Mitte. **Senkrecht** und waagerecht gehören zusammen. Stellst du ein Lineal mit seiner schmalen Kante auf den Tisch, dann steht es senkrecht. Legst du es auf die lange Kante, liegt es waagerecht. **Skulptur** ist ein Begriff, der für dreidimensionale Kunstwerke gebraucht wird. Er ist gleichbedeutend mit dem Begriff Plastik. Früher wurden Skulpturen meist aus Marmor und Bronze angefertigt. Heute machen die Künstler aus allen möglichen Materialien Skulpturen, sogar aus Abfall. Baust du im Winter einen Schneemann, ist das auch eine Skulptur. **Stillleben** sind Bilder, die zuerst in den Niederlanden gemalt wurden. Dort heißen sie Stillleven, was „stilles Leben" bedeutet. Es werden leblose Tiere oder unbewegte Dinge abgebildet, die alle eine symbolische Bedeutung haben. **Synästhetiker** sind Menschen, die auf einen Reiz mit mindestens zwei Sinnen reagieren, also zum Beispiel automatisch bestimmte Farben in ihrer Vorstellungskraft sehen, wenn sie bestimmte Töne hören. **Umriss** ist die Begrenzungslinie einer Form oder eines Gegenstands. Sie grenzt die Form von ihrer Umgebung ab. **Vorstellungskraft** Damit stellst du dir die tollsten Bilder in deinem Kopf vor. Sie können so stark sein, dass du sie mit der Wirklichkeit verwechselst. Hast du das auch schon erlebt? **Waagerecht** Schau unter senkrecht nach.

# WER HAT MITGEMACHT?

 Iris

 Hannah

 Kurani

 Athanasios

**ROSWITHA PAETEL**
roswithapaetel@gmx.de
www.paetel-kunst.de

studierte freie Kunst mit dem Abschluss als Meisterschülerin an der Universität der Künste in Berlin. Neben der künstlerischen Tätigkeit arbeitet sie als Dozentin mit Lehraufträgen, unter anderem an der UdK Berlin, der Berliner Technischen Kunstschule, der Universität Potsdam, der Hochschule „Felix Mendelssohn Bartholdy" Leipzig und der Svenska Yrkeshögskolan in Finnland. Sie erhielt Aufträge für die Innenausstattung des Neubaus der Charité und die Fassadengestaltung dreier Wohnblöcke in Berlin-Köpenick. Ihre Arbeiten wurden in zahlreichen Ausstellungen im In- und Ausland gezeigt, unter anderem im Von-der-Heydt-Museum Wuppertal und im Forum Konkrete Kunst Erfurt. Ihre Leidenschaft gilt dem Werkstoff Pulp. Parallel zu ihrer künstlerischen Arbeit erfolgte die Ausbildung zur Meditations- und Qigong-Lehrerin mit dem Schwerpunkt auf der Entwicklung der Sinne und der Wahrnehmungserweiterung. 2014 erschien ihr Buch PULP-ART, ebenfalls im Haupt Verlag.

**PROF. VOLKER POOK**
volkerpook@yahoo.de
www.volkerpook.com

Nach seinem Designstudium an der Folkwang Universität der Künste in Essen arbeitete er zunächst bei Büro Hamburg, danach machte er Station bei MetaDesign und den Peter Schmidt Studios. Es folgten einige Jahre in New York bei den Agenturen Brand Union und Wolff Olins. In Berlin leitete er als Creative Director ein Designteam bei Playframe und war Mitglied des Management Boards. Seit 2008 ist er Professor an der BTK Hochschule für Gestaltung und lehrt dort Kommunikationsdesign. Für seine Arbeiten erhielt er zahlreiche Auszeichnungen und Preise.

**UTE HOFMANN**
uh@hoftext
www.hoftext.de

Die Diplom-Kommunikationswirtin und Drehbuchautorin arbeitete nach ihrem Studium als Werbetexterin in einer internationalen Agentur in Frankfurt am Main. Dort betreute sie Kampagnen für Marken wie Kellogg's, KitKat und Jaguar. Seit 1996 lebt und arbeitet sie als freie Texterin in Berlin. Einige Jahre unterrichtete sie zusätzlich an der Berliner Technischen Kunstschule im Fach Advertising, Konzept und Idee. Für alle, die lieber selbst schreiben, bietet sie auch Text-Coaching an.

**KATRIN SCHILLER**
katrin@schillerberlin.de
www.ps-grafik.de

studierte Animation an der Filmhochschule Konrad Wolf in Potsdam-Babelsberg. Sie arbeitete im Anschluss als Animationsfilmerin im Trickfilmstudio Berlin und in der dazugehörigen Puppenwerkstatt. In Hamburg absolvierte sie eine zusätzliche Ausbildung in Computergrafik. Neben ihrer freiberuflichen Tätigkeit als Grafikdesignerin arbeitet sie seit über 20 Jahren als Dozentin, unter anderem an der Akademie Werbung, Grafik, Druck Hamburg und der Berliner Technischen Kunstschule. Sie leitet zahlreiche künstlerische Projekte im Kinder- und Jugendbereich und war Jurymitglied beim Kinder- und Jugendmedienfestival in Berlin.

 Rita

 Lisa

 Finn

 Sabajachi

 Dana

# WER HAT MITGEMACHT?

 Teo

 Valerio

 Johanna

 Bronwen

 Fiete

**LENA UPHOFF**
Lena.Uphoff@gmx.de
www.lenauphoff.com

studierte Design Thinking am Hasso-Plattner-Institut und Kommunikationsdesign an der BTK Hochschule für Gestaltung mit den Fachgebieten Corporate und Editorial Design. Nach ihrem Studium arbeitete sie als Grafikerin für verschiedene Hochschulen und Agenturen. Seit 2017 ist die Berlinerin bei Gruner + Jahr in Hamburg tätig. Ihre Arbeiten wurden mit einem Landes- und Bundespreis ausgezeichnet und für den German Design Award nominiert.

**MAGNUS ASPELIN**
design@magnusaspelin.no
www.magnusaspelin.no

ist ausgebildeter Fotograf aus Norwegen. Nach dem Erhalt des Gesellenbriefes arbeitete er freiberuflich für verschiedene Fotostudios in Oslo. Er ist auf Produkt-, Architektur- sowie Werbefotografie spezialisiert und entwickelte unter anderem die Corporate Identity für Erste Sahne (D) und JobbMatch (N). Die VG, Norwegens größte Zeitung, veröffentlichte eine seiner faszinierenden Fotoreportagen. Er ist Gewinner der Silbermedaille im Landeswettbewerb des Fotografenverbandes Oslo. Ein (erfolgreich abgeschlossenes) Studium des Kommunikationsdesigns an der Berliner Technischen Kunsthochschule führte ihn nach Berlin, wo er seitdem lebt.

**GUNDEL MATTENKLOTT**
gundel@linien.in-berlin.de

ist Literatur- und Erziehungswissenschaftlerin. Nach einigen Jahren der freien wissenschaftlichen Arbeit war sie von 1986 bis 2012 Professorin an der Universität der Künste mit dem Fachgebiet ästhetische Bildung in der Grundschulpädagogik.

 Milma

 Şirin

 Mona

 Ranin

# DANKESCHÖN

Vielen Dank an **Prof. Volker Pook** für das gemeinsam erarbeitete Konzept und Layout. Du warst mir ein unermüdlicher Ideengeber, der die Zusammenarbeit – wie schon bei meinem ersten Buch PULP-ART – zu einer wahren Freude werden ließ. Dank auch an **Ute Hofmann.** Dein Coaching half mir, mit wenig Text viel auszudrücken, und deine Klarheit unterstützte mich darin, den Überblick zu behalten. Ein Dankeschön auch an **Magnus Aspelin** für das professionelle Fotoshooting, das uns allen riesigen Spaß gemacht hat. Bedanken möchte ich mich auch bei **Prof. Dr. Gundel Mattenklott** für das gehaltvolle Vorwort sowie bei **Katrin Schiller** für die Animationen, den Layout-Support und das gemeinsame Drehen der lustigen Videos. Dank auch an **Jens Schreiber** für die zauberhafte Mundharmonika-Untermalung der Animation, an **Lena Uphoff** für den ersten Layout-Entwurf und die schönen, handgezeichneten Ziffern sowie an **Rüdiger Schöll**, mit dessen Einverständnis ich meinen Unterricht in der Neuköllner Kunstschule für das Buch nutzen konnte. Danken möchte ich insbesondere auch **Wilfried**, meinem Mann, der mit Gelassenheit mein kreatives Chaos und meine am Computer verbrachten Nächte ertrug.

Mein besonderer Dank geht an die **Eltern** der mitwirkenden Kinder für ihre Unterstützung und natürlich an die **Kinder** selbst: Ihr seid mir während des Projekts ans Herz gewachsen. Ich wünsche euch ein kreatives, buntes Erwachsenwerden.

Die Autorin Roswitha Paetel in der Kinderkunst-Werkstatt.

Fotografie: Magnus Aspelin (Cover, S. 2, 4/5, 6, 10, 207), alle anderen Roswitha Paetel, D-Berlin
Konzept und Layoutentwurf: Prof. Volker Pook und Roswitha Paetel, D-Berlin
Satz: Die Werkstatt Medien-Produktion GmbH, D-Göttingen
Lektorat: der springende punkt/Eva Hauck, D-Berlin, www.derspringendepunkt.de
Textberatung: Ute Hofmann, D-Berlin
Videos und Musik: Katrin Schiller, Jens Schreiber und Roswitha Paetel, D-Berlin
Zeichnungen: Roswitha Paetel, D-Berlin

1. Auflage 2018

Bibliografische Information der Deutschen Nationalbibliothek
Die Deutsche Nationalbibliothek verzeichnet diese Publikation in der
Deutschen Nationalbibliografie; detaillierte bibliografische Daten sind im Internet über
http://dnb.dnb.de abrufbar.

ISBN 978-3-258-60184-7

Alle Rechte vorbehalten.
Copyright © 2018 Haupt Bern

Jede Art der Vervielfältigung ohne Genehmigung des Verlages ist unzulässig.

Gedruckt in Slowenien

Der Haupt Verlag wird vom Bundesamt für Kultur mit einem Strukturbeitrag für die Jahre 2016–2020 unterstützt.

Wir gehen davon aus, dass alle im Buch beschriebenen Angaben und Empfehlungen richtig sind. Trotzdem kann weder die Autorin noch der Verlag irgendwelche Haftung für Schäden übernehmen.

Wünschen Sie regelmäßig Informationen über unsere neuen Titel zum Gestalten? Möchten Sie uns zu einem Buch ein Feedback geben? Haben Sie Anregungen für unser Programm? Dann besuchen Sie uns im Internet auf www.haupt.ch.
Dort finden Sie aktuelle Informationen zu unseren Neuerscheinungen und können unseren Newsletter abonnieren.

www.haupt.ch